HERMANN ZELTNER

SCHELLING-FORSCHUNG SEIT 1954

D1994857

ERTRÄGE DER FORSCHUNG

Band 42

HERMANN ZELTNER

SCHELLING-FORSCHUNG SEIT 1954

1975

WISSENSCHAFTLICHE BUCHGESELLSCHAFT

DARMSTADT

PÄDAGOGISCHE HOCHSCHULE WESTFALEN-LIPPE
Fachbereich I
Philosophie
ABTEILUNG MÜNSTER

26/76

wb Bestellnummer: 4865

© 1975 by Wissenschaftliche Buchgesellschaft, Darmstadt

Satz: Maschinensetzerei Janß, Pfungstadt
Druck und Einband: Wissenschaftliche Buchgesellschaft, Darmstadt
Printed in Germany
Schrift: Linotype Garamond, 9/11

ISBN 3-534-04865-2

INHALT

VORWORT

Erst im Laufe der Arbeit an diesem Bericht ist mir die Schwierigkeit der Aufgabe, die zu bewältigen war, voll bewußt geworden, und ich kann nur hoffen, ihr einigermaßen gerecht geworden zu sein. Wer aus der Erforschung eines Philosophen, genauer: seiner Philosophie, eine Art Resümee zu ziehen hat, ist zu Urteilen genötigt, deren Niveau nicht allzuweit hinter dem der beurteilten Philosophie zurückbleiben darf, und in diesem Sinn ist die Schellingforschung ein Gegenstand von besonderem und unvergleichlichem Anspruch. Andererseits aber — und darauf möchte ich insistieren — ist dieser Gegenstand Forschung auch in dem Sinn, daß deren Ergebnisse falsifizierbar sein müssen, wenn diese Widerlegbarkeit auch nicht einfach und offen zutage liegt.

Eine detaillierte Beschreibung des Forschungsstandes hätte das Vielfache des mir zur Verfügung gestellten Raumes beansprucht und war deshalb nur in Ausnahmen möglich. Schon thematisch mußte eine Auswahl getroffen werden, so daß z. B. die zahlreichen Spezialabhandlungen über die persönlichen und philosophischen Beziehungen zwischen Schelling und anderen Denkern nicht berücksichtigt werden konnten. Aus den zahlreichen Veröffentlichungen in fremden Sprachen habe ich die mir am wichtigsten erscheinenden ausgesucht und eingehender behandelt; ich hoffte, auf diese Weise am besten zur Überwindung jenes Provinzialismus beizutragen, der in der deutschen — und nicht nur in der deutschen — philosophiegeschichtlichen Forschung immer stärker überhandnimmt.

Schelling wird zitiert nach der 1. Gesamtausgabe.[1]

[1] Und zwar mit Band- und Seitenzahl, durch Komma getrennt, ohne weiteren Zusatz.

Die im Text zitierten Forschungsbeiträge sind, soweit sie nicht nur nebenbei erwähnt werden, in dem nach dem Alphabet der Autoren geordneten Literaturverzeichnis bibliographisch genau aufgeführt; auf diese Angaben wird im Text durch Ziffer und Erscheinungsjahr verwiesen.

EINLEITUNG

Nimmt man die Schellingforschung von ihren Anfängen bis heute als ein Ganzes in den Blick, so stellt sie einen Komplex von einer kaum zu übersehenden Vielfalt interpretatorischer und kritischer Versuche dar, sich des großen Gegenstandes zu versichern und ihn je nach der eigenen Perspektive — oder dem, was man dafür hält — einzuordnen in größere geistesgeschichtliche oder systemorientierte Zusammenhänge; oder aber, in mehr systematischer Fragestellung, Schellings Philosophie als ganze oder in einzelnen Gedankenkomplexen zu adaptieren oder zu verwerfen.

Tritt man dann näher an die Menge der in Bibliotheken wohlverwahrten, aber gar nicht durchwegs auf den ersten Blick sichtbaren Arbeiten, die sich mit Schelling befaßt haben, heran, so steht man wohl stärker als sonst in einem Forschungsgebiet — und selbst innerhalb der Philosophie in einem nur selten begegnenden Grad — unter der bedrückenden Erfahrung des Unzulänglichen und Vergeblichen der immer wieder neu, nicht selten allerdings auch schon Gesagtes nur nochmals wiederholenden Versuche, mit den Aufgaben fertig zu werden, die durch die Philosophie Schellings der Forschung gestellt sind. Die Schwierigkeit, jeweils zur Klarheit hindurchzufinden, wird aber noch ganz außerordentlich gesteigert durch die verwirrende Vielfalt der Perspektiven, von denen die einzelnen Autoren bestimmt erscheinen, und durch deren höchst unterschiedliche philosophische Qualität. Die Frage scheint unabweisbar, welches hier die Stimme der Philosophie sei, so daß man sich zu dem pauschalen Urteil gedrängt sieht, die Schellingforschung insgesamt entbehre bis heute einer ihrem Gegenstand angemessenen Methode. Gleichwohl kann man dieser Problematik nicht dadurch sich entledigen, daß man die Schöpfungen, durch deren Dunkelheiten sie verursacht scheint, unter Verschluß nimmt oder gar ins Feuer wirft.

Der folgende Bericht möchte hier weiterhelfen. Er versucht, unter der schon aus Raumgründen notwendigen Beschränkung auf die seit dem Schelling-Jubiläum von 1954[2] erschienene Literatur die Situation und die wesentlichen Probleme, aber auch die Erträge dieser Forschung aufzuzeigen, wie sie sich unseren Blicken darbieten.

Ein derartiger Versuch ist unter den geschilderten Prämissen nicht durchführbar unter Abstinenz von jeder persönlichen wertenden Stellungnahme. Es scheint mir, daß die Objektivität, die ein Forschungsbericht an sich voraussetzt, angesichts der auf diesem Gebiet herrschenden Verhältnisse zurückstehen muß hinter dem Bemühen, einen Prozeß der Klärung in Gang zu setzen.

Jedoch — um das bekannte Sprichwort einmal umzukehren —, wo tiefe Schatten sind, da muß auch helles Licht sein, und wenn es für besondere Verdienste um die Schellingforschung einen Preis gäbe, der etwa alle zwanzig Jahre zu verleihen wäre, so würde ich, unter Berücksichtigung internationaler Gepflogenheiten und unter Hinweis — für die *laudationes* — auf den nachfolgenden Bericht, für diesmal vorschlagen, den Preis zu teilen zwischen:

Martin Heidegger, Xavier Tilliette, Claudio Cesa.

[2] Auf Früheres wird zurückgegriffen in dem folgenden ersten Teil ›Quellen und Hilfsmittel‹ sowie, im letzten Teil, bei der Entfaltung der Kontroverse über die Spätphilosophie.

QUELLEN UND HILFSMITTEL DER FORSCHUNG

1. Bibliographien

Zu Beginn ist hinzuweisen auf einige Hilfsmittel bibliographischer Art, welche jenes Forschungskapital zugänglich machen können, von dem die Rede war.

Rechtzeitig zum Jubiläum des Todestages 1954 erschien: *Guido Schneeberger,* Schelling. Eine Bibliographie. Sie verzeichnet zunächst die Ausgaben der Werke und Briefe; sodann, nach dem Erscheinungsjahr geordnet: Schriften und Berichte über Schelling (einschl. Beiträge in Zeitschriften und Zeitungen, in Sammelwerken und anderen Veröffentlichungen, insgesamt über 8000 Nr.). Die Aufzählung reicht bis 1953.

Eine wertvolle Weiterführung enthält: *Hans Jörg Sandkühler,* Friedrich Wilhelm Joseph Schelling, 1970. Hier S. 24—41: Schelling-Bibliographie 1954—1969. Nach Verfassern alphabetisch geordnet, über 300 Nr.; dazu auf S. 87—89 eine zusätzliche Aufschlüsselung: ›Literatur zu verschiedenen Aspekten im Werk Schellings‹ — für die Philosophie der Kunst gesondert auf S. 105. Hier werden jeweils die betreffenden Nr. nach Schneeberger bzw. Sandkühler aufgeführt.

Wichtige Ergänzungen zu *Sandkühler* bei *Tilliette* (1)*, Bd. 2, S. 507 ff.

2. Literaturberichte

1914 brachte die Wochenschrift ›Die Geisteswissenschaften‹ (1. und einziger Jahrgang, S. 1018—1022) einen Bericht von

* Die Ziffern in runden Klammern beziehen sich auf den entsprechenden Titel im Literaturverzeichnis.

Otto Braun, Die Schelling-Forschung der Gegenwart. Er behandelt im wesentlichen nur die seit 1900 erschienene Literatur.

Zwanzig Jahre später erschien in: Idealismus. Jahrbuch für die idealistische Philosophie (Zürich 1934, ebenfalls 1. und einziger Band, S. 219—227) von *Manfred Schröter,* Historische Übersicht über die Schelling-Literatur. Hier wird das damals bereits geschichtliche Phänomen der Schellingforschung in vier Abschnitte gegliedert, wobei die letzte, mit dem 20. Jh. einsetzende Periode als die wichtigste gilt; nach Schröter hebt sie sich von den vorausgehenden ab „vor allem durch ihr reiferes entwicklungsgeschichtliches Interesse und Verständnis", das durch den Namen von Wilhelm Dilthey gekennzeichnet wird.

Wieder zwanzig Jahre später bedeutete das Jubiläum von 1954 (100. Wiederkehr des Todestages) mit den Tagungen in Bad Ragaz (dem Sterbeort) und Stuttgart eine wohl noch wesentlichere Zäsur. Die damalige Forschungslage wurde in mehreren Berichten festgehalten.

Hinrich Knittermeyer, Hundert Jahre nach Schellings Tod (in: Philosophische Rundschau 4, 1956, S. 1—57), gibt einen eingehenden kritischen Bericht über deutsche Neuerscheinungen aus den Jahren 1954/55. — Weitere Literaturberichte: *Emmerich Coreth,* Die Ernte des Schellingjahres (in: Zeitschrift f. katholische Theologie 78, 1956, S. 334—351). — *Xavier Tilliette,* Actualité de Schelling (in: Revue de Métaphysique et de Morale 64, 1959, S. 356—369). — *Valerio Verra,* Rinascità schellinghiana? (in: Il Pensiero 4, 1959, S. 70—89). — *Wolfgang Förster,* Schelling in der westdeutschen Gegenwartsphilosophie (in: Deutsche Zeitschrift für Philosophie 16, 1968, S. 859—871).

Alle diese Berichte haben im wesentlichen die zum Jubiläum 1954 erschienene Literatur zum Gegenstand, mit Ausnahme des letzten, marxistisch orientierten Beitrags, der seine Auswahl bis 1966 ausdehnt.

Zu erwähnen ist ferner schon die Introduction, besonders aber das Einleitungskapitel von *Xavier Tilliette,* Schelling, Bd. 1, 1970, S. 21—55: ›Les recherches schellingiennes‹, ein Bericht über die gesamte Schellingforschung von den Anfängen bis 1966, mit vielen wertvollen, in eigenem Studium gewonnenen Detailangaben.

3. *Die Quellen*

a) Werkausgaben

Für die Interpretation eines Philosophen, dem der Tod vor nunmehr 120 Jahren die Feder aus der Hand genommen hat, ist die Überlieferung der Texte von entscheidender Bedeutung — und zwar ebenso die Textgestaltung der verfügbaren Ausgaben für die noch von ihm selbst veröffentlichten Schriften wie die seines Nachlasses. Schon *Otto Braun* hat zu Beginn seines erwähnten Forschungsberichtes von 1914 hierfür eine Reihe von Desideraten namhaft gemacht. Die Hauptaufgabe einer kritischen Schelling-Gesamtausgabe hat sich in den seitdem verflossenen sechzig Jahren nicht erfüllen lassen; sie ist jedoch dadurch noch erheblich komplizierter geworden, daß wervolle Teile des Nachlasses im Zweiten Weltkrieg zugrunde gegangen und andere verschollen sind.

Manfred Schröter (5), 1954 und *Horst Fuhrmans* (2), 1949 haben darüber ausführlich berichtet.

Nunmehr hat endlich die von der Bayerischen Akademie der Wissenschaften in Obhut genommene Erste Kritische Gesamtausgabe dieses Desiderat der Forschung in Angriff genommen, und so wird im Jubiläumsjahr 1975 der Band I 1, die Werke von 1790—1795 umfassend, erscheinen.

Das Datum, an dem diese Ausgabe vollendet sein wird, läßt sich allerdings heute noch nicht im entferntesten absehen. Deshalb wird man noch für Jahrzehnte auf die bisherigen Gesamtausgaben angewiesen sein.

Die Textgrundlage für die heutige Forschung schuf bereits die 1. Gesamtausgabe des Sohnes *Karl Friedrich August Schelling*, erschienen 1856—1861 bei Cotta in Stuttgart als 1. Abteilung, Band 1—10, 2. Abteilung, Band 1—4, heute gewöhnlich fortlaufend zitiert als Bd. I—XIV bzw. 1—14.

Der sog. Münchener Jubiläumsdruck (1927—1954), herausgegeben von *Manfred Schröter* (1), ist ein seitengetreuer Nachdruck dieser 1. Gesamtausgabe, jedoch in anderer Anordnung, in 6 Haupt- und 6 Ergänzungsbänden. Näheres über die Einteilung bzw. über die Entsprechungen der beiden Ausgaben sind der Konkordanz am Schluß des Buches zu entnehmen.

Da die Münchener Ausgabe jeweils am Bundsteg der einzelnen Seiten die Band- und Seitenzahl der 1. Gesamtausgabe vermerkt, ist das Auffinden der betreffenden Textstelle ziemlich einfach; der 6. Ergänzungsband der Münchener Ausgabe entspricht inhaltlich genau dem Bd. 13 der 1. Gesamtausgabe, weshalb sich hier eine Seitenkonkordanz erübrigte.

Gewöhnlich wird nach der 1. Gesamtausgabe zitiert; man findet jedoch auch die neue Münchener Ausgabe zugrunde gelegt, so etwa in dem großen Werk von *Xavier Tilliette* (1), dem deshalb in Bd. 1, S. 655 f. eine vergleichende Tabelle in verkürzter Form beigegeben ist.

Als Ergänzung zu der Münchener Ausgabe erschien 1946 ein Nachlaßband, enthaltend die Urfassungen der ›Weltalter‹ von 1811 und 1813 samt den dazugehörigen Entwürfen und Fragmenten, herausgegeben von *Manfred Schröter* (3); im Anhang eine Vergleichstabelle der beiden Erstdrucke sowie des aus der 1. Gesamtausgabe Bd. VIII bereits bekannten III. Druckes.

Ein Wiederabdruck des diesen beiden Gesamtausgaben zugrundeliegenden Textes ist auch, wenn auch in völlig anderer Anordnung, die Studienausgabe der Wissenschaftlichen Buchgesellschaft, Darmstadt.

b) Einzelausgaben

Neben den Gesamtausgaben sind einige Einzelausgaben hervorzuheben.

1948 bereits hat *Manfred Schröter* (4) das Gespräch ›Clara‹ neu herausgegeben, wobei zusätzlich zu dem durch Bd. IX der 1. Ges. Ausg. bekanntgewordenen Text noch ein neu aufgefundenes kürzeres Textstück, ›Der Frühling‹, aufgenommen wurde, das übrigens auch als Zusatz zu den Fragmenten der ›Weltalter‹ in dem obengenannten Nachlaßband der Münchener Ausgabe erschienen ist.

1959 hat *Walter Schulz* (5) zusammen mit *Ruth-Eva Schulz* das ›System des transzendentalen Idealismus‹ in der Philosophischen Bibliothek von Felix Meiner neu herausgegeben und mit einer ausführlichen, instruktiven Einleitung versehen.

Horst Fuhrmans (5) hat 1964 in Reclams Universalbibliothek ›Über das Wesen der menschlichen Freiheit‹ mit Einleitung und ausführlichem Kommentar neu herausgegeben.

1969 erschien, ebenfalls von *Horst Fuhrmans* (7) herausgegeben, unter dem Titel ›Initia Philosophiae Universae‹ — so der Wortlaut der ersten Vorlesungsankündigung Schellings in Erlangen — eine Nachschrift, genauer: ein aus verschiedenen Nachschriften kompilierter handschriftlicher Text von *Friedrich Leonhard Enderlein,* stud. theol. Erlang., betitelt ›Grundzüge der gesamten Philosophie‹. Es handelt sich um Schellings erste Erlanger Vorlesung im Wintersemester 1820/21, gehalten vom 4. 1.—31. 3. 1821. Von diesen insgesamt 36 Vorlesungen waren bisher — aus Sämtliche Werke 9, 209—252 — unter dem Titel ›Über die Natur der Philosophie als Wissenschaft‹ — nur die Vorlesungen 3—11 (gehalten 10. 1.—24. 1. 1821) bekannt; für diese Vorlesungen sind die voneinander erheblich divergierenden Texte einander gegenübergestellt. *Fuhrmans* hat ausführliche prinzipielle Erläuterungen sowie Anmerkungen hinzugefügt, die den Text wohl doch zu sehr nach dem Schema seiner Gesamtauffassung von Schellings Spätphilosophie interpretieren.[3]

c) Briefe und Lebenszeugnisse

Maßgeblich ist bis auf weiteres noch immer die Ausgabe von *Gustav Leonhard Plitt,* Aus Schellings Leben. In Briefen, Bd. 1—3, 1869/70.

[3] Vgl. dazu die eingehende Kritik von Xavier Tilliette in (3), 1971, S. 299—304.

Dazu kommen neuerdings die ›Briefe und Dokumente‹, hrsg. von *Horst Fuhrmans* (4), die ursprünglich nur das außerhalb der *Plitt*-Ausgabe verstreut Gedruckte samt Neuentdecktem sammeln sollten. So Bd. 1, 1962, die Jahre 1795—1809 betreffend. In Abweichung von diesem Plan, nach welchem Bd. 2 als Fortsetzung gedacht war, ist dieser nunmehr als Zusatzband bezeichnet und bringt — erschienen 1973 — Ergänzungen zu der Zeit von 1775—1803, darunter als umfangreichsten Zuwachs alle Briefe, die bei *Plitt* bereits gedruckt waren.

Wie seinerzeit die *Plitt*-Bände enthalten auch die von *Fuhrmans* herausgegebenen eine Fülle von Details zur Biographie Schellings sowie Lebenszeugnisse allgemeinerer Art, außerdem als Ergänzung Abhandlungen von teilweise erheblichem Umfang, so zur Geschichte des Verhältnisses zwischen Schelling und Fichte (1, 201—236), Schelling und Hegel (1, 451—554) oder zur Diskussion über das ›Systemprogramm‹ (2, 523—540), das in Bd. 1, S. 69—71 abgedruckt ist.

Zusammen mit einem weiteren Zusatzband (= Bd. 3 der ganzen Reihe) sollen diese beiden Bände den ersten Teil einer Gesamtausgabe aller Briefe bilden, umfassend die Jahre bis September 1809 (Carolinens Tod).

1965 haben *Horst Fuhrmans* (6) und *Liselotte Lohrer* den Briefwechsel zwischen Schelling und seinen Verlegern Friedrich und Georg von Cotta erstmals vollständig veröffentlicht. Von Schellings Briefen vor 1806 hat sich keiner erhalten; die J. F. Cottas beginnen 1803; 1833, nach seinem Tod, übernahm der Sohn Georg den Verlag. 1849 endet der briefliche Verkehr. Die sorgfältige Ausgabe ist durch zahlreiche Anmerkungen erläutert.

Den Briefwechsel Fichte-Schelling hat *Walter Schulz* 1968 neu herausgegeben. In der Einleitung werden Fichtes und Schellings philosophische Entwicklung jeweils für sich beschrieben und so in ihrer Verschiedenheit deutlich gemacht. Eine Vorbemerkung hebt die Bedeutung des Briefwechsels hervor.

Einzelne, zumeist erst jetzt bekanntgewordene Briefe von und an Schelling sind in den letzten Jahrzehnten an verschiedenen

Stellen publiziert worden. Für das Nähere ist insbesondere auf *H. J. Sandkühler* (2), 1970, S. 7 f. zu verweisen.

Schließlich ist auf die wertvollen Addenda in *Tilliette* (1), 1970, t. 2 hinzuweisen, die — nach wichtigen bibliographischen Ergänzungen — über den Berliner Schelling-Nachlaß mit sehr viel mehr Genauigkeit berichten, als das bisher von anderen geschehen ist (S. 515 ff.); es folgen — in französischer Übersetzung — ein Zeitungsartikel aus dem Jahre 1841 über Schellings Berufung nach Berlin, mit Kommentar (S. 519 ff.); Schellings angebliches ›Philosophisches Testament‹ — nach *Tilliette* eher ein „Glaubensbekenntnis" — mitgeteilt im September 1854 durch *Stepan Djunkowski,* mit anschließender Diskussion (S. 521 ff.).

SCHELLING-FORSCHUNG SEIT 1954

I. ALLGEMEINES

1. Sammelwerke

Wie jede bedeutende Individualität der Geistesgeschichte ist auch Schelling für die Forschung ein Gegenstand mit vielen und vielfachen Facetten und Perspektiven; denn es ist ja nicht damit getan, einen Philosophen von so ausgeprägter Persönlichkeit mit ein paar Lehrsätzen, die seinen Werken entnommen, aber als solche vielleicht gar nicht ohne weiteres in ihrem Sinn erfaßbar sind, zu Wort kommen zu lassen.

Einen Eindruck von dieser Vielfalt der Gesichtspunkte vermögen am einfachsten einige Sammelwerke zu vermitteln, die Schelling gewidmet sind; auf sie sei darum eingangs kurz verwiesen.

Zunächst ist zu erinnern an die Verhandlungen der Schelling-Tagung in Bad Ragaz (Schweiz) 1954 (= Studia Philosophica, Vol. 14, Basel 1954). Der Band enthält sämtliche Vorträge mit den Diskussionen im Wortlaut. Gegenstand der Verhandlungen waren die verschiedenen unterscheidbaren Epochen des Schellingschen Philosophierens — wobei am Ende *Walter Schulz* zum ersten Mal mit seiner epochemachenden Sicht von Schellings Spätphilosophie an die Öffentlichkeit trat. Am Beginn stand ein programmatischer Vortrag von *Karl Jaspers* über ›Schellings Größe und sein Verhängnis‹, andere Vorträge beschäftigten sich mit Schellings Einfluß in Frankreich *(Marcel Reymond)*, mit Schellings Schwermut *(Emil Staiger)*, mit Schellings theologischen Geistesahnen *(Ernst Benz)* usw.

Als Festgabe für Manfred Schröter erschien 1965 u. a. ein Bändchen ›Schelling-Studien‹, hrsg. von *Mirko Koktanek*, mit einem nicht weniger breit gestreuten Themenspektrum.

Im voraus hinzuweisen ist auf eine Veröffentlichung der Reihe

›Kolleg Philosophie‹, die 1975 erscheinen wird: Schelling. Hrsg. von *Hans Michael Baumgartner*. Das Werk wird im Kern wiederum — aber in einem gegenüber 1954 veränderten Problemhorizont — die verschiedenen, unter dem Stichwort „Epochen“ bekannten Ansätze des Schellingschen Philosophierens reflektieren; Überlegungen zur Vorgeschichte und zur Wirkungsgeschichte, dazu Reflexionen über Gegenwart und Zukunft der Philosophie Schellings runden das Ganze ab.

2. *Gesamtdarstellungen*

Ein Werk wie das von *Kuno Fischer* aus dem Jahre 1872 (Geschichte der neuern Philosophie, Bd. 6), das in vergleichbarer Ausführlichkeit Leben und Werk Schellings behandelt, ist seitdem erst einmal wieder ans Licht getreten — und das in unseren Tagen, geschaffen nicht von einem deutschen Autor, sondern von dem französischen Jesuitenpater *Xavier Tilliette* (1), erschienen in Paris 1970 in zwei Bänden.

Dieses Werk bedeutet eine Sensation schon deshalb, weil es eine, wie man glauben konnte, veraltete Form der Darstellung wieder aufnimmt. Nach seinem Untertitel will es ›eine Philosophie im Werden‹ beschreiben — was wohl bedeuten soll: eine Philosophie, deren Seinsmodus das Werden ist (vgl. dazu Bd. 2, S. 504). Dieser Vorsatz wird hier ganz wörtlich genommen, sofern nämlich — sieht man von der Jugend- und Schulzeit ab — die biographische und die philosophische Seite dieses Werdens zugleich behandelt werden, während sie bei *Kuno Fischer* noch fein säuberlich getrennt und in strengem Nacheinander auftreten. Hier sind sie ein unteilbares Ganzes, im ersten Band von 1794 bis 1821, im zweiten von 1821 bis 1854 dargestellt. Die Zäsur mit dem Beginn der Vorlesungen in Erlangen läßt sich biographisch wie philosophisch rechtfertigen: Sie bedeutet das Ende eines langen Schweigens und den Wiederbeginn der für Schellings Gedankenentfaltung so wichtigen Vorlesungstätigkeit. Was darauf folgt, ist ›Die letzte Philosophie‹. Die vorhergehende Epoche nennt *Tilliette* ›Das lebende (lebendige?) System‹; geschildert wird die Entfaltung Schellings bis zum „wahren System", also der Identitätsphilosophie, der dann ›Das System in der Mauserung‹ folgt — so der Titel des letzten Teiles von Bd. 1 —, die von ›Philosophie und Religion‹ (1804 — aber die zeitliche Grenze ist hier kein Kriterium) über die ›Freiheitsschrift‹ bis zu den ›Weltaltern‹ sich erstreckt. In der Einleitung des ganzen Werkes sind (1, 11) die beiden Epochen einander gegenübergestellt: stärkste Aktivität, fieberhafte Produktion — Stagnation, scheinbare Unproduktivität. Zu verstehen ist also unter dem „lebendigen System" jene Zeit ungehemmter Produktivität, in der, was von Schelling ausging, unmittelbar in seine Gegenwart hineinwirkte und dadurch auch weiterlebte, womit er in die Philosophiegeschichte einging, ehe der besondere Rang seiner „letzten Philosophie" entdeckt war. Das große Rätsel und der Hauptgegenstand seines Interesses bleibt für *Tilliette* nach seinem eigenen Geständnis Schellings Entwicklung insgesamt mit dem Schwerpunkt auf dieser „letzten Philosophie" (1, 14 f.) — aber das kann hier leider nicht ausführlich nachgezeichnet werden.[4]

Tilliettes Leistung ist erstaunlich und bewundernswert. Man merkt, daß ihm jede gedankliche Wendung bis in den besonderen sprachlichen Ausdruck hinein genau präsent ist, jede einzelne scheint er vielfach durchdacht zu haben. Dazu kommt eine intime Kenntnis aller geistesgeschichtlichen und biographischen Gegebenheiten, unter ihnen nicht wenige Präzisierungen bisher nur vermuteter Daten und Neuentdeckungen, denen man meist nur in geduldiger Forschungsarbeit auf die Spur kommt. Einzelergebnisse solcher Art haben sich vor allem in den zahlreichen, in Fußnoten untergebrachten Exkursen niedergeschlagen. Dabei ist *Tilliette* auch vielen Anspielungen Schellings auf bestimmte Personen oder auf Texte anderer mit Erfolg nachgegangen.

Im Biographischen war für *Tilliette* die Überzeugung maßgebend, daß man bei Schellings Philosophie nicht von seiner zugleich „schroffen und sensiblen Persönlichkeit" abstrahieren

[4] Vgl. meine ausführliche Besprechung in: Erasmus 1975.

könne (1, 652). Man findet da auch knappe, treffende Charakterisierungen von Schellings und Carolines Individualität (vgl. bes. 1, 239—241[5]). Wertvolle Ausführungen bzw. Exkurse behandeln das Verhältnis Schelling—Fichte (bes. 1, 167—293), Schelling—Hegel (1, 69, 295—302), und der letztere ist vor allem in Bd. 2 immer wieder als beherrschende Hintergrundsfigur vergegenwärtigt. Auch das Verhältnis Schelling—Kierkegaard (2, 465—467 n. 75) und Schelling—Schopenhauer (2, 432 f.) werden treffend skizziert — von unzähligen Sacherläuterungen ganz zu schweigen.

Mit all diesen Beiträgen zu Schellings geistesgeschichtlicher Erscheinung hat uns *Tilliette* in der Tat ein um fünfzig Jahre jüngeres Pendant zu dem großartigen Fichte-Werk von *Xavier Léon* (1922—1927) geschenkt, wie er es als seine Absicht kundgibt (vgl. 1, 16). Unbestreitbar ist dieses ältere Werk vor allem in der deutschen Forschung bis heute nicht voll ausgeschöpft worden, und man kann nur hoffen, daß es *Tilliettes* ›Schelling‹ trotz der in diesen Jahrzehnten eher noch höher gewordenen Sprachbarriere besser ergeht.

3. Zur Biographie

Eine ausführliche Biographie Schellings ist seit dem in vielen Einzelheiten inzwischen überholten, aber immer noch lesenswerten Werk von *Kuno Fischer* (Geschichte der neuern Philosophie, Bd. 6, 1872) nicht mehr erschienen. Zu erwähnen sind jedoch aus jüngerer Zeit verschiedene Einzelbeiträge.

Neues besonders aus Jugend-, Schul- und Studienzeit enthalten die beiden oben genannten Bände ›Briefe und Dokumente‹ von *Horst Fuhrmans* (4).

Viele Details aus Schellings Leben, vor allem auch solche

[5] Hier (1, 241) einer der wenigen lapsus: Carolines Vater war Orientalist und Alttestamentler, allerdings nicht innerhalb der Theol. Fakultät, in Göttingen.

juristischer Natur — darunter über seine zahlreichen Prozesse — enthält *Hollerbach* (1), 1957.

Biographische Details vor allem über die Münchener Zeit bringt *Horst Fuhrmans* (3), 1954; Entsprechendes gilt von seiner Einleitung zu den ›Initia Philosophiae Universae‹ für die Erlanger Zeit.

Neues über ›Schelling in Berlin‹ berichtet *Karl Kupisch* (1), 1967.

Eine Schilderung von Schellings letzten Lebenstagen enthält ein Brief des Sohnes Fritz vom 6. 9. 1854, abgedruckt in: Studia philosophica 14, 1954, S. 272—274; dazu gesellt sich der ›Bericht über die Begräbnisfeier Schellings in Ragaz‹, von mir publiziert in (1), 1954, S. 8—12.

Die wohl interessanteste Studie über Schellings Persönlichkeit, genauer gesagt eine eingehende Pathographie, die auch viele psychologisch relevante Bemerkungen enthält, verdanken wir *Karl Jaspers* (2), 1955, damit zu vergleichen ist *Jaspers'* Vortrag in Ragaz (1), 1954 sowie der Vortrag von *Emil Staiger* (1), 1954 mit den anschließenden Diskussionsbemerkungen von *Jaspers.*

Eine Fülle von biographischen Details enthält das große Werk von *Tilliette* (1), 1970; sie sind über die beiden Bände verstreut und darum im einzelnen hier nicht zu erheben.

Über Schellings Frau Caroline, aber auch über den Philosophen selbst bringt *Gisela F. Ritchie* (1), 1963 nicht nur eine wertvolle Materialsammlung, sondern — aufgrund deren — insbesondere eine eingehende kritische Durchleuchtung der zahlreichen teils biographischen, teils romanhaften Darstellungen, die dieser einzigartigen Frau gewidmet wurden.

II. DIE PHILOSOPHISCHEN DISZIPLINEN

Unter diesem Titel sollen in Kürze einige Beiträge zu einzelnen Sachgebieten systematischer Art aus den letzten zwanzig Jahren hervorgehoben werden; die Frage der jeweiligen Zuordnung ist allerdings in manchen Fällen kaum eindeutig zu entscheiden, so daß bei der Orientierung über einen Themenkreis auch die zu anderen Gebieten aufgeführte Literatur und darüber hinaus auch die Titel zu berücksichtigen wären, die sich mit den im letzten Kapitel behandelten zeitlich unterschiedenen Gestalten der Schellingschen Philosophie befassen.

1. Logik und Dialektik

Mit der immanenten Logik des Schellingschen Philosophierens, gar mit etwaigen logischen Errungenschaften Schellings hat die Forschung sich bisher kaum oder doch eher andeutungsweise beschäftigt.

Aus jüngerer Zeit ist jedoch hinzuweisen einmal auf die Arbeiten von *Erhard Oeser* zur Rezeption der antiken Logik und Dialektik durch Schelling, andererseits auf zwei Untersuchungen über die Dialektik in Schellings Frühschriften von *Werner Hartkopf* und *Harald Holz*.

Oeser (1), 1965 ist verdienstvoll durch seinen Hinweis auf die durchgehend wirksame Bedeutung Platons für Schelling sowie auf die bisher zu wenig gewürdigte Aristotelesrezeption in der Spätphilosophie; zur Kritik vgl. u. a. *Harald Holz* (1), 1970 sowie *Thomas Buske* (1), 1969.

Oeser (2), 1969 stellt diese Aristotelesrezeption in einen größeren geschichtlich-systematischen Zusammenhang, der durch die Namen Thomas von Aquin und Hegel gekennzeichnet wird.

Der Begriff der Dialektik wird leider weder von *Werner Hartkopf* (1), 1969 noch von *Harald Holz* (2), 1970 einigermaßen eindeutig gefaßt. *Hartkopf* sieht in Schellings „Metaphysizierung“ der Dialektik, durch die er sich von Fichte unterscheide, (vgl. S. 16, 237, 246 f.) einen verhängnisvollen Vorgang für das Schicksal der Dialektik überhaupt in neuester Zeit (S. 248); *Holz* hebt, in Auseinandersetzung u. a. mit *Hartkopf* (vgl. S. 81, Anm. 50 sowie S. 90, Anm. 85), vor allem Platons Bedeutung für Schellings Dialektik hervor: „Schelling kann nur verstanden werden, und zwar in *allen* Phasen seines Philosophierens, wenn man als geschichtlichen, mehr noch aber als systematischen Hintergrund den *ursprünglichen* Platonismus . . . ansieht“ (S. 89).

Friedrich W. Schmidt (1), 1971, „versucht, aus dem Werk Schellings die Elemente einer Kritik der idealistischen Dialektik Hegels zu gewinnen, die zugleich zum Ansatz der materialistischen Dialektik führen“ (S. VII). „Negativität“ ist ihm das Prinzip, mit dem Schelling, zunächst in der Radikalität seiner Ich-Philosophie, jeden Widerstand gegen die Absolutheit seiner Konzeption beseitigt: „Sei absolut-identisch mit dir selbst!“ (Schelling 1, 199, zitiert S. 11), oder entsprechend: „Der Endzweck der Welt ist ihre *Zernichtung, als* einer Welt, d. h. als eines Inbegriffs von Endlichkeit“ (1, 200 f., zit. ebenda). Es ist die Stärke dieser Untersuchung, die ursprüngliche Kraft der Negativität in Schellings Philosophieren einmal zum Thema gemacht und durch alle Stationen dieses Philosophierens erwiesen zu haben, wobei lehrreiche Konfrontationen mit Hegel weitere Aufschlüsse ergeben. „Begrenzung“ etwa ist, in der Philosophie der Kunst, „ein unerschöpflicher Quell des Scherzes und des Spiels“, denn „mit der Begrenzung zu scherzen ist erlaubt, da sie dem *Wesen* nichts entzieht, an sich bloße Nichtigkeit ist“ (5, 394); sie ist aber andererseits, „in den mehr moral- und geschichtsphilosophisch orientierten Schriften um 1810“, ein „Quell der unendlichen Trauer und Schwermut“ (S. 47). Der Begriff des Endlichen erscheint hier revidiert, aber aufgrund der „Erfahrung, daß das Spiel mit dem Begrenzten, nach Platonischen Regeln gespielt, verlorengehen muß“ (S. 47).

2. *Naturphilosophie, Philosophie der Medizin*[6]

Schellings Philosophie des Lebendigen wird im geschichtlichen Zusammenhang mit zahlreichen Textbelegen dargestellt von *Theodor Ballauff* (1), 1954 bes. S. 344—348 und 360—369.

Wilhelm Szilazy (1), 1961 vergegenwärtigt, ausgehend von Kants ›Kritik der Urteilskraft‹, in überzeugender Weise die Bedeutung insbesondere von Schellings Philosophie des Organischen. Schellings Theorien werden hier nicht einfach referiert, sondern unter Verwendung eigener, eigens eingeführter Begriffe wie „System" produktiv reflektiert.

Ich selbst habe in (3), 1961 Schellings Philosophie des Gleichgewichts dargestellt. Meine These: Wie kein anderer Philosoph hat Schelling „die Welt, ja das Sein überhaupt unter dem Prinzip des Gleichgewichts" gedacht. Das wird nachgewiesen durch die verschiedenen Etappen der Naturphilosophie bis zum Identitätssystem. Ein abschließender Hinweis verdeutlicht die Bedeutung dieses Denkprinzips auch für Schellings spätere Philosophie.

Werner Leibbrand (1), 1956 ist eine völlige Neufassung seiner ›Romantischen Medizin‹ (1937). Es ist besonders wertvoll, Schelling hier im Gesamtzusammenhang der Medizin seiner Zeit gezeigt zu bekommen, deren biologisch-medizinische Anschauungen für Schelling ebenso bedeutsam waren, wie er selbst dann auf sie zurückgewirkt hat. Zugleich werden die Arztpersönlichkeiten, wie etwa Andreas Röschlaub, mit denen Schelling engen persönlichen Kontakt hatte, deutlich faßbar — auch in ihren besonderen Schwächen. Der Verf. geht auch auf die teilweise Adaptation der Schellingschen Theorien durch moderne Naturwissenschaftler und Mediziner ein.

[6] Die Arbeiten von Wolfgang Wieland (1), 1956 und (2), 1967 werden in anderem Zusammenhang gewürdigt.

3. *Geschichtsphilosophie*

Peter Collins Hayner (1), 1967 ist wohl das bedeutendste neuere Werk über Schellings Geschichtsphilosophie. Es ist konzentriert auf die Spätphilosophie, ohne jedoch von den kontinentalen Auseinandersetzungen über diese Epoche berührt zu sein; für die Freiheitsschrift wird die amerikanische kommentierte Übersetzung von *James Gutmann* (1936) zitiert, sonst wird von neuerer Literatur lediglich der amerikanische Kommentar zu den ›Weltaltern‹ von *F. de W. Boleman* (1), 1942 herangezogen. *Fuhrmans* (1), 1940 wird zwar in der Bibliographie genannt, aber sonst nicht erwähnt.

Die Untersuchung ist also offenbar aus dem originalen deutschen Text selbständig entwickelt. Ihr Problem: Schellings evolutionäre oder „historische" Ontologie und ihr Einfluß auf seine Interpretation der menschlichen Geschichte; ihre These: Schellings Grundansichten sind ein Kulminationspunkt für das Bestreben, eine dynamische an die Stelle einer statischen Metaphysik zu setzen, um damit die soziale, politische und religiöse Geschichte der Menschheit zu interpretieren. Schelling beginnt mit der Erklärung, eine Philosophie der Geschichte sei unmöglich, um dann nach 1812 eine ins einzelne gehende Geschichte des Universums als ganzen in Angriff zu nehmen. Dabei vertauschte er allmählich seine ursprünglichen philosophischen mit religiösen Kategorien, aber er gab damit ein eindrucksvolles Beispiel, wie man eine evolutionäre Ontologie zur Erhellung der allgemeinen Religionsgeschichte einsetzen kann. In der „positiven Philosophie" erreicht Schellings historische Orientierung ihren höchsten Ausdruck; Hegels Rationalismus gilt ihm als ein von Grund auf nicht-geschichtlicher Typus von Philosophie, während sein eigener „metaphysischer Empirismus" dem grundsätzlich historischen Charakter der Realität gerecht wird. Die menschliche Geschichte aber ist Teil der Geschichte des Universums, die ihrerseits nur vom christlichen Drama der Erlösung aus voll verstanden werden kann.

Schelling, so meint der Verf., hat als einer der ersten viele

Mängel des rationalistischen deutschen Idealismus erkannt, und wenn auch seine Bemühungen, dieser Mängel Herr zu werden, zweifelhafter Natur sein mögen, so vermochte er damit doch wenigstens die Richtung zu weisen, in welcher das spätere europäische Denken fortschreiten sollte. Er hat damit die Sache einer evolutionären Metaphysik weiter vorangetrieben als jeder seiner Zeitgenossen und dabei eine Ontologie entwickelt, die besser als jede bis dahin konzipierte für das Verständnis der Geschichte geeignet war.

Das wird in sorgfältigen Einzeluntersuchungen aufgezeigt. Das System des transzendentalen Idealismus und erst recht das Identitätssystem waren im Grunde ungeschichtlich; erst seit 1809 wird Schellings Philosophie evolutionär im geschichtlichen Sinne, angeregt vor allem durch Böhmes Idee des theogonischen Prozesses. Hier setzt der Verf. mit seiner Kritik an: Wenn Schelling die Geschichtswissenschaft so scharf abgrenzt gegenüber Theosophie und Mystik, warum hat er dann gerade deren theogonisches Geschichtskonzept übernommen? Aber auch das allgemein-theologische Moment von Schellings Geschichtsdeutung scheint ihm eher noch ein Stück Rationalismus zu sein, das Schelling doch wieder näher an Hegel heranrückt.

Nach den Thesen von *Dieter Jähnig* (2), 1970 ist Schelling von Bedeutung für die Geschichtsphilosophie vor allem, weil bei ihm erstmals die Geschichte als der Bereich eines produktiven Wechselverhältnisses zwischen Natur-Wirklichkeit und menschlicher Freiheit begriffen wird, „so nämlich, daß aus beiden ‚Faktoren' eine zweite, neue Wirklichkeit *entsteht*", so daß „Entstehen hier der eigentliche ‚Zustand' ist" (S. 59). Jene produktive Wechselwirkung wird aber vor allem darin erfahren, daß der Mensch aus seiner Freiheit Wirkungen hervorgehen sieht, „die nicht allein in seiner Macht liegen". Diese Erfahrung ist jedoch „kein Einwand gegen die gleich wahre Erfahrung des gewollten Anfangs" (S. 60). Beides zusammengenommen ergibt: Geschichte erfordert den „Mut, zu handeln", anders gesagt: sie erfordert Glauben. In diesem Sinne ist die Geschichte nicht nur, wie für Hegel, „der Fortschritt im Bewußtsein der Freiheit", so daß also jede Zeit nur Sinn als Stufe hat, für Schelling ist sie vielmehr „zu jeder Zeit die *Stätte* der Freiheit" (S. 62).

Das Gleichnis vom Großen Welttheater (3, 602), an das *Dieter Jähnig* gegen Ende seiner Ausführungen erinnert, habe ich selbst (4), 1965 zum Gegenstand einer Interpretation gemacht, in der ich zeigte, wie die klassische Konzeption der Geschichte als des großen Welttheaters bei Schelling zum Stegreifspiel wird, in dem alle frei in der Gestaltung ihrer Rollen sind; die Harmonie zwischen ihnen stiftet das Absolute, gleichwohl ist Gott, der Dichter dieses Spiels, nicht unabhängig von den Menschen, diese sind „Mit-Dichter des Ganzen". Aber selbst als Stegreifspiel läßt sich Geschichte unter den damit vorgegebenen Bedingungen nicht denken: Es gibt keinen Leiter, keine vorgegebenen Spielregeln, und doch soll das Spiel einen — freilich erst nachher erkennbaren — vernünftigen Verlauf nehmen. Das Gleichnis zerbricht also — was Schelling aber selbst in Rechnung gestellt hat: Die Geschichte ist der Prozeß des Absoluten selbst, das in uns, den Mitspielern, dichtend am Werke ist, und nur ein Stegreifspiel ohne jede Vorgabe taugt darum als Modell dessen, was Schelling — damals — unter Geschichte verstanden hat.

In (3), 1972 hat *Jähnig* seine Interpretation ausführlicher und in anderer Richtung erweitert wiederholt. Ähnlich wie schon *Peter Collins Hayner* bemerkt er bei Schelling seit den ›Weltaltern‹ eine „heilsgeschichtliche" Konzeption der Weltgeschichte. Die in der Freiheitsschrift auftretende „Ambivalenz zwischen einer verkehrten und einer die Verkehrung überwindenden Weise des menschlichen Willens ... *konkretisiert* sich" danach zur Bezeichnung für den „Unterschied geschichtlich verschiedener Zustände der menschlichen Gesellschaft ...: Seit dem ‚Abfall von Gott' lebt der Mensch geschichtlich, ... ist jeder Moment seines Daseins wesenhaft durch Nicht-Gegenwart bestimmt", Geschichte wird „konkret und definitiv als der Zeitraum des Übergangs zwischen Unwahrheit und Wahrheit, Heil und Unheil begriffen" (S. 142).

Diese „ethisch orientierte ‚Vergeschichtlichung' der Philosophie" nennt Schelling später „positive Philosophie" (S. 136).

Aber bereits die „historische Konstruktion des Christentums" in den ›Vorlesungen über die Methode des akademischen Studiums‹ (1803) stellt den konstitutiven Bezug zur Geschichte, genauer: das geschichtliche Bewußtsein als das wesentliche Merkmal des Christentums heraus. Dadurch bekommt das menschliche Handeln Zukunftsbezug, verändert sich das Verhältnis zwischen Mensch und Natur. Aber noch mehr: Jede Epoche hat so ihren eigenen Wirklichkeitsmaßstab, und damit wird insbesondere die geschichtliche Wirklichkeit zu einer je epochalen — zu der z. B. auch die homerischen Epen und die Monumentalplastik und Architektur am Beginn der Hochkulturen in ihrer je epochalen Wirklichkeit gehören (S. 140 f.).

Daß aber Geschichte für Schelling in Epochen verläuft und daß ihr Wirklichkeitscharakter dadurch bestimmt ist, bedeutet letztlich, daß sie in Umwälzungen verläuft, „in denen jeweils das Frühere zur Basis des Neuen wird und als solche Basis, als ‚Vergangenheit' aktuell bleibt" (S. 148). Entsprechend unterscheidet Schelling in der Historiographie zwischen einer pragmatischen, durch ein aktuelles Interesse bestimmten und einer zwar methodologisch gesicherten, aber der Maßstäbe entbehrenden Geschichtsschreibung einerseits und dem Ideal der „wahren Historie" andererseits, deren Vorbilder Herodot und Thukydides sind; entscheidend ist auch hier der Maßstab (S. 148 ff., 151 ff.). Philosophie ist in der Geschichte selbst „ein Faktor der Veränderung, *indem* sie interpretiert". Von dieser Einsicht ist insbesondere die Konzeption der Philosophie der Mythologie und Offenbarung bestimmt (S. 157): Indem diese beiden Epochen aufeinander bezogen werden, kann ihr Unterschied „zum Bedürfnis realer Umwälzung werden" (S. 158). Allgemein ist das „‚Begreifen' der vergangenen Taten in ihrem Tat-Charakter" in seiner Wirkung soviel wie: „das Vergangene zu der ihm angemessenen Wirkung und Bedeutung für die Gegenwart befreien" (S. 159).

Aber jene „heilsgeschichtliche" Konzeption hat noch eine weitere Konsequenz: Es gibt auch zwei prinzipiell verschiedene Weisen von Praxis, eine verkehrte und eine Überwindung dieser

Verkehrung. Als die Macht der praktischen Vernunft ist der Staat die Antwort auf die Verkehrtheit des menschlichen Wesens, zugleich jedoch selbst Ausdruck des Unheils. Darum läßt er den Menschen in seiner Individualität unbefriedigt, der Geist ist im Zustande solcher Notwendigkeit unselig und unwahr. Aber nur scheinbar ist Kontemplation, Abkehr vom Handeln die Lösung dieses Konflikts — ohnehin ist sie nur Sache des Individuums, aber nicht der Gesellschaft. Sie hat jedoch gleichwohl eine entscheidende Aufgabe: Gerade wenn sie sich ihrer geschichtlichen Ohnmacht nicht zu entziehen versucht, gibt sie das „Signal" (11, 566) zur praktischen Umkehrung (S. 166).

4. Philosophie der Kunst

Die Philosophie der Kunst ist ebenso wie die nachfolgend zu behandelnde Rechts- und Staatsphilosophie zum Schauplatz einer heftigen Kontroverse geworden, bei der die eine Seite — aus marxistischer Sicht — Schellings Philosophie als ganze in Frage stellt.

Hans Jörg Sandkühler (2), 1970 bekennt schon im Vorwort seine offene Gegnerschaft mit der summarischen Feststellung, Schellings Philosophie der Kunst bezeuge „das philosophische Interesse am Phänomen Kunst und zugleich die permanente Überforderung des Ästhetischen durch die Philosophie" — gemeint ist „die instrumentale Bestimmung der Funktion der Kunst" in der Analogie von Schönheit und Wahrheit, durch die auch Philosophie und Poesie (welch letzterer Ausdruck bei Schelling aber für das Produkt der Kunst generell gebraucht wird!) eine Einheit sind; womit jedoch nach *Sandkühler* „die Theorie der Kunst die Kunst dominiert". So erhob Schelling die Ästhetik „zum allgemeinen Sensorium philosophischer Probleme . . ., bis sie endlich durch Hegel in die Schranken einer speziellen Disziplin der Philosophie zurückgewiesen wurde", so habe „die Philosophie der Kunst die der Natur abgelöst" — was allerdings weder durch Schellings Œuvre allgemein noch durch das

PÄDAGOGISCHE HOCHSCHULE WESTFALEN-LIPPE
Fachbereich I
Philosophie
ABTEILUNG MÜNSTER

„System des transzendentalen Idealismus“, gegen das sich die Attacke vor allem richtet, zu erweisen ist. 1803, in der Identitätsphilosophie, bestimmt Schelling das Verhältnis Natur-Kunst neu: Der Organismus der Natur und jener der Kunst sind beide in sich notwendige Ganzheiten, aber dieser ist unmittelbar zum Geist und deshalb existentiell von höherer Bedeutung. Entsprechend ist die Lage des Künstlers gegenüber der Natur: In allen Naturwesen zeigt sich der Begriff nur blind wirksam, im Künstler muß es anders sein, allein nicht so, daß er die Wirklichkeit mit Bewußtsein nachahmt: er muß sich vielmehr zur schaffenden Kraft selbst erheben und diese geistig ergreifen, er ist Nachahmer nicht der Natur, sondern des „im Innern der Dinge wirksamen durch Form und Gestalt nur wie durch Sinnbilder redenden“ Naturgeistes. Eine solche Kunst bzw. ihre Theorie fällt unter Hegels Verdikt: Die Kunst nach der Seite ihrer höchsten Bestimmung ist für uns etwas Vergangenes. Und in seinem Gefolge dekretiert *Sandkühler*: Schellings Kunstlehre, arm an kunsthistorischem Material, ist Konstruktion des Universums, nicht aber Theorie der Kunst als eines Phänomens philosophisch reflektierbarer Gegenwart. Sie nimmt den ästhetischen Schein für die ganze Wirklichkeit.

Solche Art der Argumentation läßt *Sandkühlers* ›Einführung‹, mit der er seine als Realienbuch für Literaturwissenschaftler gedachte und in vielfacher Hinsicht tüchtige und brauchbare Materialiensammlung komplettiert, zum Pamphlet werden, das nicht Augen zu öffnen, sondern nur schielen zu machen geeignet ist. Abgesehen von dem Mangel an historischer Perspektive — wo war zu Schellings Zeit das kunsthistorische Material greifbar, nach dem Schelling selbst gesucht hat? — die kritischen Argumente beruhen auf einem Koordinatensystem, das mit Schelling nichts, mit Philosophie allgemein wenig zu tun hat, und die nötige Transformation läßt sich durch einen synoptischen Einschub über die politische, ökonomische und ideologische Wirklichkeit zwischen 1770 und 1860 nicht leisten — dieser bedürfte seinerseits erst der Vermittlung. Die Axiome dieser Kritik werden zwar, wenn auch nur in Nebensätzen, deutlich genannt, aber sie bedürften selbst eingehender Diskussion.[7]

Wir setzen die Diskussion mit *Sandkühler* in etwa fort, indem wir auf das für Schellings Philosophie der Kunst wichtigste Werk eingehen, die zweibändige Untersuchung von *Dieter Jähnig* (1). Der erste Band beschäftigt sich, die Fragestellung erst vorbereitend, mit ›Schellings Begründung von Natur und Geschichte‹, und hier wird im zweiten Teil (S. 117 ff.) ›Der ästhetische Grundzug der Philosophie Schellings‹ herausgearbeitet. Zunächst aber untersucht *Jähnig* den „Sinn des Zuges zur Objektivität bei Schelling" (S. 119 ff.); gerade damit wird ja „die geschichtliche Wahrheit der die Neuzeit im Ganzen beherrschenden Subjektivität gewonnen" — „und diese Folgerung sei bestritten", fällt ihm *Sandkühler* in seinem Referat dieser Stelle ((2), S. 86) ins Wort: Gerade hier zeige nämlich die (von ihm schon in der Schreibung pedantisch festgehaltene) „Unterscheidung von Klassischer Deutscher Philosophie und romantischem Idealismus ihre Wichtigkeit; Behauptung der Subjektivität als Kernpunkt der Emanzipationsbewegung, die — nach weltgeschichtlichem Prozeß — in der bürgerlichen Gesellschaft erstmals eine autonome Ich-Struktur zu ermöglichen verspricht" — als Eideshelfer werden Kant und Hegel angerufen; Kennzeichen jenes romantischen Idealismus sind dagegen „romantische elitäre Desintegration gegenüber der bürgerlichen Klasse, die Entstehung eines neuen Aristokratismus (des Geistes)".

Eine implizite Antwort darauf gibt *Jähnig*, wenn er „an dem Sinn der Einbeziehung der Kunst in die Philosophie den geschichtlichen Ort von Schellings Philosophie überhaupt" deutlich zu machen versucht: Kunst also nicht als Gegenstand, sondern als Organon, als Mittel für die Ausübung der Philosophie. Die Kunst teilt diese Funktion — auch bei Schelling, und auch bei ihm erst später — nur noch mit der Mythologie. Aber wie kommt

[7] Claudio Cesa hat — in: Rivista critica della filosofia, 4, 1971, S. 463—465 — einen rühmenswerten Anfang mit einer sachlichen, aber scharfen Kritik gemacht.

es dazu? Die Antwort auf diese Frage gibt zunächst eine eindringliche, den Darlegungen des Textes genau nachgehende Analyse der ersten fünf Hauptteile des ›Systems des transzendentalen Idealismus‹, dessen Abschluß nun eben die Philosophie der Kunst bildet. Aber Kunst, so zeigt sich, ist eigentlich gar kein gesonderter neuer Bereich, ihr Bereich hat vielmehr in einem Bezug auf die beiden Bereiche der Natur und der Geschichte sein eigenes Wesen, er grenzt, mit Schellings Worten, „einerseits an das Naturprodukt, andererseits an das Freiheitsprodukt" (3, 621); in der Kunst stellt die „ursprüngliche Identität der im Produzieren der Welt geschäftigen Tätigkeit mit der, welche im Willen sich äußert", sich dar (3, 349; S. 112 f.).

Diese Theorie der Kunst, daran ist nicht zu zweifeln, hat eine „innere Entsprechung" zu der großen Kunst jener Zeit (*Jähnig* Bd. 2, 12 f.); sie wird sichtbar in dem damals (1800) besonders engen Einverständnis zwischen Schelling und Goethe — und gehört Schelling nicht schon deshalb zu der „Klassischen Deutschen Philosophie"? Aber *Jähnig* verweist im gleichen Zusammenhang mit Recht auch auf „Schellings bleibende und bis zuletzt wachsende Einsicht in die Aporien der Philosophie als Wissenschaft", der seine Anerkennung der „in gewandelter Gestalt neu entfalteten Bedeutung der Kunst" entspricht. Ein drittes Moment hat *Jähnig* bereits im 1. Band namhaft gemacht: Es ist Schellings Versuch, Kants durch die Wandlung der Naturwissenschaft damals bereits überholten Wissenschaftsbegriff durch „eine ‚praktische' Weise von Erkenntnis" zu erweitern, anders gesagt, den „Schritt von einer Beherrschung der Natur durch den Verstand zur ihrer Mobilisierung durch die Vernunft" zu tun (Bd. 1, 114 f.) — was eine Wandlung im Weltverhältnis des Menschen bedeuten würde, die ihrerseits auf die Bedeutung der Kunst in dem damals erfaßten Sinn verweist (Bd. 1, 114—116).

Jähnigs Abhandlung, deren vielfach verschlungener Interpretation hier nicht nachgegangen werden kann, ist bereichert einmal durch die Einbeziehung gedanklicher Momente aus späteren Äußerungen Schellings zur Kunst — so in der Erörterung von Schellings Theorie der Tragödie (Bd. 2, 244 ff.) oder der

Verwandtschaft im Denken Schellings und Winckelmanns (Bd. 2, 202 ff., 278 ff.), sodann durch die — freilich fragmentarische — Konfrontation der Schellingschen mit anderen Theorien der Kunst aus dem 19. und 20. Jahrhundert.

Ein Muster an gewissenhafter Interpretation hat *Rosario Assunto* (1), 1962 geliefert. Er beabsichtigt „nicht mehr, aber auch nicht weniger", als Schellings Vorlesungen über die Philosophie der Kunst — „ein Kapitel, vielleicht nur ein Paragraph in der Geschichte des ästhetischen Gedankens in der Moderne" — zu verstehen, die nicht wenigen dunklen Stellen aufzuhellen, ferner die Punkte hervorzuheben, in denen diese Philosophie der Kunst sich von den voraufgehenden Werken Schellings unterscheidet, und die Motive dieser Wandlung aufzuklären.

Dieses Programm hat der Verf. mit historischer Treue und Genauigkeit erfüllt. Auf S. 313—353 findet man zweisprachig, deutsch und italienisch, eine Auswahl von Schellings Gedichten mit einigen Anmerkungen.

Anhangsweise sei kurz auf eine Abhandlung von *Hans Kunz* verwiesen: Schellings Gedichte und dichterische Pläne, Zürich 1955. Es wird nur eine Auswahl behandelt „anhand von Kriterien, die seinem eigenen Werk entnommen sind; gleichsam innerhalb eines Rahmens, wie ihn Schelling in seinen Werken und Briefen der Jahre 1795—1802 ausführlich dargelegt hat" (S. 2).

5. Rechts- und Staatsphilosophie

Dieser Bereich mußte zum bevorzugten Feld der Auseinandersetzung zwischen — grob gesprochen — marxistischer und traditioneller Schellingdeutung werden. So hat *Hans Jörg Sandkühler* (1), 1968 an dieser Front seinen ersten und schwersten Angriff auf Schelling geführt. Es ist für ihn erwiesen: Schelling selbst hat eine Rolle in dem „Prozeß des Verlusts des Politischen" gespielt, der sich darin anzeigt, daß man eine Schellingsche Rechts- und Staatslehre im allgemeinen nicht vermißt hat. Er hat „auf das Politische, *die Revolution*, emphatisch mit der Theorie als dem

,ganz Anderen'" reagiert (S. 13), es ist für ihn ohnehin „nur vorhanden als Spielraum der Subjektivität und ihrer Willkür" — im Gegensatz zu der KDPh[8], die ein für allemal von dem Namen „Schelling" befreit werden muß. Kant und Fichte haben „in der Vernunft ein Mittel geschaffen . . ., welches die Negation dessen leistet, was Schelling bewahrt wissen will", der bestehenden Gesellschaft (S. 14). Die Auflösung der Implikationen, welche sich in der anschließenden Argumentation ineinander verknoten, benötigte ein eigenes Buch. Bleiben wir bei Schelling: Die Vernunft, gegen die Schelling sich richtet, ist genau dieselbe subjektive „undialektische" Vernunft, welche Hegel in seiner ›Phänomenologie‹ als Französische Revolution aufs Korn genommen hat — das wäre ein brauchbarer Ansatzpunkt gewesen, um Schellings Philosophie „als politisch relevante Theorie" zu interpretieren, wie *Sandkühler* sich vorgenommen hat (S. 24). Aber hat Schelling, der doch erkannte, daß „Vernunft und Wirklichkeit" miteinander zerstritten waren, „Alternativen in der philosophischen Auseinandersetzung mit dem Politischen angeboten?" — Alternativen, so müssen wir wohl ergänzen, zu Kant, zu Fichte, zu Hegel? (S. 24). Es gibt selbstverständlich dergleichen Antworten, aber sie bleiben hinter der Realität, hinter dem durch die KDPh erreichten Niveau zurück. Die politisch relevanten Aussagen sind abhängig vom ontologischen, theosophischen und mythologischen Systemcharakter — statt daß das System vom intendierten politischen Effekt gesteuert wäre; es ist ein ontologisches, aber kein primär politisches System. Zwar wird die Ideologiekritik, wie sie Georg Lukács an Schelling geübt hat, zurückgewiesen: Sie ist zu eng, weil sie den Zeitbedingungen nicht gerecht wird. Aber Schellings Philosophie war nicht wie die Hegels „Theorie ihrer Zeit", „hermeneutisches Wissen des Politischen" und darin zwar „Apologie des Bestehenden", aber „mit der progressiven Absicht der Abwehr der Restauration des Unzeitgemäßen" (S. 25).

[8] = Klassische Deutsche Philosophie; für diese von mir hier eingeführte Abbreviatur vgl. den vorigen Abschnitt 4.

Es bleibt also dabei: Philosophie ist für Schelling — vor allem später — Formulierung des zur Politik Anderen, ihre politischen Aussagen sind zwar real systemnotwendig, aber theoretisch doch nur „Abfallprodukt des Systems" (S. 29, 31). Auf dem Boden einer solchen Philosophie, die nach den Konstituentien von Sein und Seinsgeschichte fragt, ist keine Lehre von Freiheit, Recht und Staat möglich. So ist etwa Schellings Rechtslehre in der ›Neuen Deduktion des Naturrechts‹ „als Theorie der empirischen Freiheit letztlich das Spaltprodukt seines ontologischen Bedürfnisses", Resultat der „Abstraktion von allen objektiven Ursachen einer Welt, die nur durch Veränderung noch vernünftig werden kann" (S. 74, 80). In der Naturphilosophie wird Natur „zum Mittel der Repression subjektiver Vernunft" (S. 94, 98). So kommt es dann — im ›System des transzendentalen Idealismus‹ — zur Lehre vom „ästhetischen Staat", durch welche die Geschichte zum Drama, der Staat zum Kunstwerk „transvestiert" (travestiert?) wird (S. 108 ff.); überdies ist der Staat als organischer vor Ausartungen geschützt (S. 123 ff.). Schließlich wird „die Freiheit des Menschen . . . das Exekutivorgan des Absoluten" als Realisierung von „Möglichkeiten, die selbst notwendig, die im ersten Akt des Absoluten vorgeformt sind" (S. 147).

Damit sind wir bereits tief in der Identitätsphilosophie, und zur als in einem falschen Sinn „erbaulich" interpretierten Schlußphase von Schellings Altersdenken ist es nur noch ein Sprung. Der völlige Wandel in der Mentalität des Philosophen, in dem sich eine neue Weise der Wirklichkeitserfahrung ausspricht, ist für *Sandkühler* nur Indiz für das Verfehlte seines Denkens überhaupt. Es versteht sich, daß wir für dessen abseitige Überlegungen von *Sandkühler* — trotz seiner fleißigen Lektüre von *Walter Schulz* und vor allem *Dieter Jähnig* — keine weiteren Aufschlüsse zu erwarten haben, auch nicht für Schellings resignative Haltung gegenüber dem politischen Illiberalismus.

Sandkühlers Analysen sind bei aller Voreingenommenheit und der daraus sich ableitenden Negativität von vorbildlicher Gründlichkeit, besonders in der Heranziehung des allgemein historischen und geistesgeschichtlichen Horizonts. Aus seiner Perspektive können aber auch seine Kronzeugen Kant und Hegel nur verkürzt erscheinen, und dasselbe gilt von seinem Begriff des Idealismus, aus dem heraus er seine Polemik gegenüber Schelling entfaltet. Auf besonders schmerzliche Weise wird einem angesichts dessen die methodische Unsicherheit der Schellingforschung insgesamt bewußt, konkret: der Mangel an übergeordneten Gesichtspunkten, die Souveränität einer philosphiehistorischen Forschung, welche die hier in Frage gestellten Gegebenheiten in einer die Polemik positiv beantwortenden Weise zurechtzurücken vermöchte.

Das Thema von *Alexander Hollerbach* ist ›Der Rechtsgedanke bei Schelling‹ (1957); er ist Jurist und greift seine Sache wesentlich nüchterner an. Der erste Hauptteil erörtert ›Berührungen Schellings mit der Welt des Rechts‹, wobei zahlreiche neue biographische Details vermittelt werden. Zusammenfassend heißt es (S. 68 ff.): „Die Rechtswissenschaft seiner Zeit ist ihm im wesentlichen fremd geblieben", und „das Fehlen eigentlich juristischer Studien macht sich bei Schelling immer wieder bemerkbar". Sein praktisches Verhalten verrät „ein leicht übersteigertes Rechtsgefühl", andererseits eine rechtskämpferische Gesinnung, „die nichts von reaktionärer Staatsgläubigkeit kennt, sondern geradezu liberalen Geist atmet". Der zweite Hauptteil beschreibt ›Die Entwicklung von Schellings Rechts- und Staatsdenken in seinen Werken‹; der knappe Exkurs über ›Schellings politische Anschauungen‹ wäre eine treffliche Plattform für eine sachliche Auseinandersetzung mit *Sandkühler* (S. 263—274). Ein letzter Teil untersucht das Verhältnis zwischen Schelling und der Historischen Rechtsschule.

„Fruchtbarkeit für heutiges Philosophieren" besitzt nach *Hollerbachs* Urteil nur das Rechts- und Staatsdenken der Spätphilosophie; in der Frühzeit führten Individualismus und Mechanismus einerseits, organisches Staatsdenken andererseits in gleicher Weise zu letztlich utopischen, der Immanenz verhafteten Staatskonstruktionen. In der Spätphilosophie sieht *Hollerbach* dagegen wertvolle Ansätze zu einer Sozialontologie, insbesondere einer Ordnungsphilosophie des Rechts und schließlich zu einer Sozialtheologie in dem Sinn, daß hier theologische Einsicht in das Wesen der Welt und des Menschen sozialphilosophisches Denken normiert und ihm seine Grenze setzt (S. 161) — womit wohl der äußerste Gegenpol zu *Sandkühler* erreicht wäre.

Das, wie mir scheint, bedeutendste Buch zu unserem Themenkreis, das von *Claudio Cesa* (1), 1969 hat meines Wissens bisher keine Beachtung gefunden, da es italienisch geschrieben ist. Es ist eine präzise und gründliche Studie, die die Entwicklung von Schellings politischem Denken von seinen frühesten Zeugnissen bis zum Ende der Identitätsphilosophie genau nachzeichnet; historisches und geistesgeschichtliches Wissen, vor allem aber philosophisch adäquates Verständnis haben hier eine reife Frucht gezeitigt. Es ist erstaunlich, welche Mannigfaltigkeit an spontanen politischen Äußerungen der Verf. aus den Jahren bis zum Ende der Hauslehrerzeit zusammengeholt und in einen philosophisch relevanten Zusammenhang mit Schellings frühen Veröffentlichungen gebracht hat. Nicht weniger bedeutsam sind aber die sorgfältigen Interpretationen der ›Philosophischen Briefe‹ und vor allem der ›Neuen Deduktion des Naturrechts‹ (S. 93 ff.).[9] Wie anders Schelling sich darstellt, wenn man — im Unterschied zu *Sandkühler* — die entsprechenden Daten heranzieht, zeigen u. a. die Feststellungen über die volkserzieherischen Ambitionen des Einundzwanzigjährigen (S. 130 ff.), die mit der interessanten Hypothese verknüpft werden, das sog. Systemprogramm — das dementsprechend anders zu interpretieren wäre — sei ein (revolutionärer) Erziehungsplan. In den folgenden Jahren sieht *Cesa* einen entscheidenden Wandel in der Mentalität des Philosophen: nicht mehr aktivistische, anthropologisch fundierte Gesinnung, die auf teleologische Absicherung verzichtet, sondern Suche nach Halt in einer übergreifenden Ordnung, „einer Art ‚ontologischer Hierarchie'", wobei „dieselbe Philosophie nunmehr Führerin sein will nicht mehr in der irdischen, sondern in der jenseitigen Welt des Seins" (S. 142).

[9] In der Frage nach dem „historisch-kulturellen Kontext" der ›Neuen Deduktion‹ (S. 116) kann die sorgfältig gearbeitete Dissertation von Manfred Osten (1), 1969 weiterhelfen.

Seine besondere Aufmerksamkeit richtet der Verf. auf den Wandel in Schellings Anschauungen über das Verhältnis von Intellektuellen und Volk und — im Zusammenhang damit — auf Schellings vielberufenes „elitäres, aristokratisches" Bewußtsein: setzt die Schrift über ›Offenbarung und Volksunterricht‹ noch die prinzipielle Gleichheit der Menschen in ihrer Beziehung zu der überindividuellen und übergeschichtlichen Vernunft voraus (S. 143 f.), so ändert sich das später grundlegend. Schon die Naturphilosophie bedeutet einen Wendepunkt in den allgemeinen Denkvoraussetzungen Schellings. Hier wird insbesondere der Begriff des Individuums zum Problem: Ziel des organischen Prozesses ist ja nicht die Ausbildung von Individuen, sondern von lebensfähigen Arten, und andererseits lehrt die Betrachtung der Organismen den Respekt vor Verschiedenheit und Mannigfaltigkeit als Bestimmungen der Weltwirklichkeit. Es kommt aber auch zum Zweifel an der Macht der Erziehung und an der wesentlichen Gleichheit der Menschen, und im Zusammenhang damit zur Konzeption des Geniebegriffs (S. 153 ff.), wobei dieser Begriff mitbestimmt ist durch die Aufmerksamkeit auf den wesentlichen Unterschied zwischen dem natürlichen Werden der Organismen und der freien Selbstbestimmung der menschlichen Individualität (S. 158).

Eine Überraschung ist die durchaus überzeugende Deutung des ›Heinz Widerporst‹ als Polemik gegen den anti-politischen Spiritualismus von Schleiermacher und Novalis (S. 163 ff.). Zentrale Bedeutung hat die Analyse des ›Systems des transzendentalen Idealismus‹, in dem *Cesa* übrigens eine Solidaritätserklärung für den damals durch den Atheismusstreit um Amt und Würden gekommenen Kollegen Fichte sieht. Sachlich steht im Mittelpunkt auch hier die Individualitätsproblematik, in der allerdings wesentliche Unterschiede zu Fichte zutage treten. Wieder geht es, insbesondere beim Problem der Willensfreiheit, um die Modalitäten der Differenzierung zwischen den Individuen: Daß ich von mehreren Objekten gerade dieses bestimmte wähle, davon muß der letzte Grund doch nur in mir selbst liegen, „und gewisse freie Handlungen müssen noch, ehe ich frei bin, für mich unmöglich gemacht sein". Es gibt eben „Genie nicht nur zu Künsten oder Wissenschaften, sondern auch Genie zu Handlungen. Es klingt hart, ist aber deswegen um nichts weniger wahr, daß ... unzählige (Menschen) nie im Stande sein werden mit der Freiheit und Erhebung des Geistes selbst über das Gesetz zu handeln, welche nur wenigen Auserlesenen zukommen kann" (3, 549). Es ist also die Annahme einer „negativen Determination", worauf sich Schellings „Aristokratismus" gründet. Aber was meint er mit dem „Handeln über das Gesetz"? Selbstverständlich kein Handeln aus egoistischen Interessen, sondern — so *Cesa* — eine „Heiligung der Subjektivität", ein moralisches Adelsprädikat. Und beileibe ist das keine antidemokratische Polemik! Die Unfreien, die sich des Schutzes nicht begeben können, den das Gesetz gewährt, sind gar nicht das „Volk", sondern die Rationalisten, die für die Abenteuer des Geistes zu feige sind (S. 181 f.).

Cesas Diskussion der Verfassungstheorie Schellings ist indirekt eine klare Widerlegung der summarischen Urteile von *Sandkühler*; bemerkenswert auch die Antikritik der linkshegelianischen, bis heute weiterwirkenden Kritik (S. 213). Anders als bei Fichte ist bei Schelling alles auf die konkret-geschichtliche Wirklichkeit und deren Bedingungen abgestellt; die wahre Gestalt des Staates ist, unter der Leitung freilich der Fortschrittsidee, nur in immer neuen Versuchen schließlich zu erreichen. Die — von Schelling nur teilweise offen geführte — Diskussion mit Fichte wird hier außerordentlich instruktiv analysiert (S. 190 ff.).

Cesa schließt seine Untersuchung mit einem Hinweis auf das, was die Würzburger Vorlesungen zum Thema beibringen. Es folgt (S. 235 ff.) ein knapper, aber gehaltvoller Bericht über die Wechselfälle in Schellings weiterem Dasein und ihre Rückwirkungen auf sein politisches Denken: Abwendung von der bisherigen eher optimistischen Staatsphilosophie, Rückzug auf einen theologisch begründeten Skeptizismus (der Staat als *remedium peccati*). So fehlen die Bedingungen für den Aufbau einer systematischen politischen Philosophie. Gleichwohl stehen auch die später bei verschiedenen Gelegenheiten geäußerten politischen Gedanken nicht außer allem Zusammenhang mit früheren Reflexionen, und man kann sagen, daß sie, in Gestalt religiöser und politischer Argumentation, eher fortschrittlichen Charakter tragen. Andererseits ist auch die Verwandtschaft mit Äußerungen konservativ-reaktionärer Denker nicht zu übersehen. Beherrschender Grundzug von Schellings politischem Altersdenken aber ist die Angst vor der Gleichmacherei und Nivellierung durch die heraufkommende Demokratie — ein im Grunde pessimistischer Epilog, durch den der einzelne auf sich selbst und seine Innerlichkeit verwiesen wird.

6. *Religionsphilosophie*

Die meisten der hierher gehörigen Veröffentlichungen sollen im Abschnitt ›Spätphilosophie‹ gewürdigt werden. Hier ist über einige weitere Beiträge zum Themenkreis ›Religion‹ zu berichten, die von Bedeutung sind.

1. In gehaltvollen, aber nicht so leicht nachzuvollziehenden Reflexionen über die achte der ›Vorlesungen über die Methode des akademischen Studiums‹ (1803) interpretiert *Werner Becker* (1), 1966 Schellings ›Historische Konstruktion des Christentums‹ (5, 286—295). Er macht deutlich, wie sich hier ein zentrales Thema der Identitätsphilosophie verbindet mit einer Grundfrage von Schellings Geschichtsphilosophie, nämlich der Unterscheidung historischer Epochen und der Funktion, welche der Geschichte als solcher dabei zukommt, und zugleich mit einer kaum beachteten Problemstellung, welche das Verhältnis von Mythologie und Offenbarung betrifft; und wie andererseits die Rede von „historischer Konstruktion" „treffend die in aller christlichen Geschichtsspekulation zentral stehende Problematik" ausdrückt, „nämlich die des Verhältnisses von göttlicher Offenbarung und menschlicher Geschichte" (S. 1).

Vorbereitende Überlegungen führen den Verf. — noch unter Absehung von Schelling — zu der Feststellung: „In der Gestalt Christi stellt ein anti-mythologischer Monotheismus ... einen empirischen, sterblichen Menschen als die Erscheinung Gottes, des Absoluten vor, und zwar unter Aufrechterhaltung der Differenz von Gott und Mensch, Endlichem und Unendlichem" (S. 4). Christologie ist so der Beginn eines Denkens, welches sich aus der einmaligen Gleichsetzung bzw. „Verwechslung" von Endlichkeit als Wesensbestimmung des Menschen und dem endlichen Einzelnen versteht — der Beginn also der christlichen Theologie, welche unter dem Aspekt dieser Gleichsetzung „genuin identisch mit Geschichtsphilosophie" ist (S. 5).

Unter demselben Aspekt bestimmt aber auch in Schellings Identitätsphilsophie der Begriff der Konstruktion den des Absoluten, wobei Konstruktion hier bedeutet „die im und vom Denken nachzuvollziehende Einbildung der absoluten Identität ins Endliche" (S. 6). Die Indifferenz von Idee und Faktizität, welche die Christologie impliziert, gilt Schelling als die höchste Offenbarung Gottes in der Geschichte — und so ist also die Geschichte, und nicht die Natur, der eigentliche Ort der Offenbarung; „in bewußt antimythologischer Manier" wird der Natur geradezu die Fähigkeit abgesprochen, „an sich selbst Manifestation der Einbildung des Unendlichen ins Endliche zu sein", das Symbol dieser Einbildung wird als Symbol verstehbar erst in der Geschichte der mit Vernunft begabten Menschen (S. 14 f.).

Das bedeutet, daß die christliche Religion von jeder Form von Naturmythologie abgelöst ist, und daß die Indifferenz von Unendlichkeit und Endlichkeit, Idee und Faktizität nur als Mensch existent werden kann. „Endlichkeit" meint also „Menschheit" — und damit ist das Christentum als Offenbarung frei von Mythologie. Jedoch läßt sich jene Gleichsetzung von Endlichkeit und Menschheit nicht weiter begründen, und diese Unmöglichkeit „bezeichnet das mythologische Implikat in der Vorstellung der Offenbarung" (S. 15 f.).

Um das Christentum von Mythologie zu scheiden, gilt es Schelling als „absolute Notwendigkeit", die christliche Theologie nicht historisch-philologisch, sondern philosophisch-systematisch zu begründen (S. 16). Allerdings ist der geschichtsphilosophische Sinn der Einheit von Weltgeschichte und Heilsgeschichte an eine unableitbare Zufälligkeit geknüpft: Christus den geoffenbarten

Gott zu nennen ist möglich nur unter der Voraussetzung, daß auch ein anderer Mensch die Stelle Christi hätte vertreten können. Andererseits ist eben die einmalige Faktizität Gottes in der christlichen Offenbarung nur symbolisch, gleichsam ideell gegenwärtig, und eben dieser Symbolcharakter leistet die Eliminierung jener Zufälligkeit (S. 18 f.). Damit wird aber nun Offenbarung selbst zum Symbol — freilich im eminenten Sinne: Christus ist „zugleich Gott, weil er dasjenige Symbol vorstellt, welches mit dem Symbolisierten identisch ist" (S. 19). Damit aber hat Christus eine gemeinsame symbolische Qualität für die beiden geschichtlichen Epochen der heidnisch-mythischen und der christlichen Welt: Daß die antike Mythologie überhaupt als eine legitime und artikulierbare Form der Entäußerung des Absoluten gefaßt werden kann, wird — Schellings ›Philosophie der Kunst‹ zufolge — erst durch die christliche Offenbarung möglich (S. 20).

2. Über *Schellings Gottesbegriff*, namentlich in seiner Spätphilosophie, hat *Horst Fuhrmans* sich mehrmals gesondert geäußert. Grundthema der Spätphilosophie ist Gottes absolute Freiheit und Souveränität der Welt gegenüber [(7), 1966, S. 19, 23, bes. 31, 37]. Das wird, insbesondere unter Aufnahme der Schellingschen Unterscheidung des Realen und des Idealen, genauer entfaltet: Das Reale ist die in Gott gebändigte Macht und darum nicht seine eigentlichste Natur, es ist aktuierbar, d. h.: Gott kann es freigeben und entfalten, aus sich selbst herausgeben zur Schaffung von Welt (S. 29). Die Freiheit dazu aber ist Gott eigen, „weil er nicht nur Macht des ‚Realen' ist, sondern Macht des ‚Idealen' zumal" (S. 33 f.). Gleichwohl ist die aus der Freigabe des Realen geborene Welt immer ein Wagnis Gottes — so insbesondere die Schöpfung des Menschen, der „durch seinen Sturz nicht nur weltliches Sein in seiner Ordnung verwirren wird, sondern vor allem sich selbst ... (denn das Reich der Mythologie stammt ja bei Schelling aus der Sünde!)" (S. 39). Letztlich beruht aber die Schöpfung „auf der Wirkung Gottes in drei verschiedenen Persönlichkeiten" (12,95, S. 35 Anm.), und „im Logos besitzt Gott die bändigende Macht des Seins", die

sich als das Ideale durchsetzen wird (S. 36). Und so sind alle jene Möglichkeiten und ihre Gefahren vorher bedacht eben im Blick auf den Sohn, den Logos; dadurch „wird Gott *frei von sich selbst* und erhebt sich darin in seine letzte, seine wirklich absolute = von *allem* gelöste Freiheit". In dieser These erreicht Schelling die letzte Höhe seiner Gotteslehre (S. 40). Die Einsicht, daß „Gott nie ohne Welt" ist, bedeutet darum für Schelling am Ende seines Denkweges nicht, daß Gott der Welt bedürfte: Es „genügt ihm die Welt als *Möglichkeit*, als ideale, der keine reale zu folgen braucht" (S. 46).

Dieser Problematik ist *Fuhrmans* in seinem Aufsatz über ›Das Gott-Welt-Verhältnis in Schellings positiver Philosophie‹ [(8), 1966] noch genauer nachgegangen. Welt war schon in der Identitätsphilosophie für Schelling *explicatio Dei*, aber was damals statisch gemeint war, hat er später, nach 1809, als Prozeß verstanden (S. 198). Dieser Weg führte jedoch nicht in den Pantheismus, sondern zu immer größerer „Erhellung und Abhebung (des Göttlichen) vom weltlichen Sein zu eigener und klarer Transzendenz". Immerhin: Die Geschichte des Seins wurde nun „entscheidend Prozeß: Geschehen in Phasen". Gott war „ ‚im Anfang' nicht schon ‚fertig', . . . um sich wissende Person", er konnte nur ein „werdender" Gott sein. Aber die Personwerdung Gottes ist nur *ein* Thema des Prozesses, es gehört dazu die Weltschöpfung, zunächst die der Welt der Ideen — und gerade ihr Anruf Gottes, ihnen auch reales Sein zu verleihen, und diese Realisation gab Gott seine zunächst nur implikative Fülle als entfaltete. Jedoch vollzog sich dies alles *vor* der Setzung der Welt, diese selbst ist souveräne und freie Setzung des zuvor zu sich selbst gekommenen Gottes (nach 8, 281 ff., bes. 286).

Hier haben wir also eine echte Theogonie bei Schelling, was *Fuhrmans* selbst betont. Aber nun „zerbrach er 1827 ff. seinen Entwurf an dieser Stelle" (S. 200) im Sinne der bereits in (7), 1966 behandelten Konzeption. Nun heißt es — in einer gegen Hegel gerichteten Wendung —: Gott braucht zwar Welt, aber ihm genügt die ideale Welt, er ist von Anfang an absoluter Geist (13, 291), und Geist ist nicht Seiendes, das sich aussprechen kann, sondern „was sich selbst *behalten* kann", Gott „ist der durch sich selbst ... *Einsame*" (13, 260 f., S. 203). Nun übt Schelling Kritik an der gesamten philosophischen Tradition samt seiner eigenen Philosophie: Alle bisherige Philosophie war negativ gegenüber der Freiheit des Absoluten, und auch sein System bedarf der Reform um der Freiheit des Absoluten willen (S. 205).

3. Ein selten diskutiertes, aber sehr fruchtbares Thema ist Schellings Stellung zum *ontologischen Gottesbeweis*. So hat *Dieter Henrich* mit Recht in seiner historisch-systematischen Monographie über diesen Gegenstand Schelling ein besonderes Kapitel gewidmet [(1), 1960, S. 219—230]. Schelling ist für ihn der letzte, „der das ontologische Problem in einer neuen Gestalt in den Mittelpunkt seiner Systematik gestellt hat", denn wenn, wie — grob gesprochen — im Neukantianismus und im Positivismus, Begriffe nur noch in der Beziehung auf sinnlich Gegebenes etwas bedeuten können, dann hat es „keinen Sinn, auch nur die Frage zu stellen, ob aus einem Begriff die Gewißheit des Daseins gewonnen werden kann" (S. 238). Und zwar ist es, Henrich zufolge, die Subjektivität des Denkens, die beim späten Schelling „in einem besonderen Sinn genommen (wird), der bisher noch nicht berücksichtigt worden ist": Die Potenzen, die „im Subjekt eingeschlossen sind", sind subjektiv nicht nur im Sinne des Kantianismus, als Leistungen des Subjekts bei der Erkenntnis, sondern als „negative Bedingungen dessen was ist"; und so wird „wirkliches" Sein positiv gewiß nur im Gedanken des potenzlosen Seins. Das Denken weiß, daß es ein ihm selbst noch Vorausliegendes erreicht, wenn es das Sein denkt. Die Diskussion des ontologischen Gottesbeweises — etwa in den ersten Vorlesungen der ›Philosophie der Offenbarung‹[10] — zeigt jedoch, daß Schelling immer nur den alten logischen Einwand wiederholt hat, nach dem eben „Existenz" kein Prädikat ist, das als analyti-

[10] Henrich zitiert unter „O" durchwegs aus Bd. 13, unter „M" aus Bd. 11, nicht, wie in seinem Literaturverzeichnis angegeben, aus Bd. 14 bzw. Bd. 12.

sches Begriffsmerkmal aufzuweisen wäre. Er geht aber über Kants Kritik hinaus, indem er erklärt, daß es prinzipiell keinen Übergang von Begriff zum Dasein gebe. Diese Argumentation bleibt jedoch nach Meinung *Henrichs* hinter Schellings eigenen Möglichkeiten zurück. Seit 1809 schon hat ja Schelling den Grundgedanken verfochten: Nicht der Gedanke geht dem Sein voraus, sondern das Sein ist Grund des Gedankens, oder prinzipiell: Jeder Begriff setzt als solcher schon das unvordenkliche Sein voraus. Mit dieser Bestimmung aber ist dasselbe gemeint, was in dem vorhin erwähnten Argument das „potenzlose Sein" genannt war. Sie markiert die Grenze des Begreifens und damit auch des Beweisens und zugleich den Indifferenzpunkt von Denken und Sein.

Henrich zieht daraus die Konsequenzen: Das ontologische Moment gilt — für Schelling — wohl im Sinne der positiven, nicht aber, als Einheit von Begriff und Sein, im Sinne der negativen Philosophie. „Doch so hat Schelling nicht gesprochen", er hat vielmehr eben diesen Gedanken mit den untauglichen Mitteln des bloß logischen Einwandes vertreten, und man muß sich darum Schellings eigentliche Meinung entgegen der Argumentation seines Textes verdeutlichen.

Daß sich daraus Gesichtspunkte ergeben auch für das Verhältnis von negativer und positiver Philosophie, wird im folgenden gezeigt (S. 235 f.); ein lehrreicher Vergleich von Schellings Argumentation mit der Hegels schließt das Kapitel, dessen etwas verzwickte Gedankenfolge erst eine ausführliche Interpretation voll ausschöpfen könnte.

4. Das Thema der *Theogonie*, also der Lehre vom Werden Gottes, wurde im 2. Abschnitt bereits berührt. *Walter Robert Corti* hat sich mit diesem Gegenstand, dem von alters her der Ruch frevelhafter Ketzerei anhaftet, des öfteren herumgeschlagen. Nunmehr, in (2), 1965 hat er eine Genealogie dieser Lehre geliefert, die von Eckhart bis Max Scheler führt, mit vielen interessanten Einzelheiten, aus denen das eindrucksvolle Bild einer Unterströmung speziell im deutschen Geistesleben der letzten beiden Jahrhunderte entsteht; *Corti* nimmt aber gleich-

zeitig eine Abgrenzung vor (S. 90), indem er erklärt, Eckhart stehe theogonischer Gottesvorstellung fern, dagegen hätten Schelling wie auch Hegel sehr wohl eine reale Theogonie gelehrt. Freilich müßten gerade bei Schelling „außerordentliche Wandlungen erfolgt sein", und zwar insbesondere als Folge seiner Gegnerschaft gegen den einstigen Jugendfreund Hegel; umgekehrt aber verwahrte sich die Hegelschule zu Unrecht gegen Schellings „Theogonismus" in der Berliner Zeit (S. 96 f.). Schelling sei also durchaus wesentlich für die Geschichte des „Theogonie"-Gedankens, vor allem in seiner Übergangsperiode. Anders steht es mit dem späten Schelling — aber der ist eben geschichtlich nicht wirksam geworden.

Schon vorher, in (1), 1960 hat *Corti* ausführlich beschrieben, wie Schelling das „Philosophem" des genetischen Pantheismus „gleichsam durchexperimentierte", wie er aber seit 1827 sich vorsichtig, aber doch nicht eindeutig von dieser Lehre distanzierte (S. 385—402): „Der kühnste Kopf, der sich je vom dynamischen Pantheismus ergreifen ließ, vermochte ihn doch nicht durchzutragen; er scheiterte am eindrucksvollen Widerstand seiner Gegner ebenso wie an der sachlichen Unmöglichkeit, die ihm von 1806 an steigend wieder bedeutsam werdenden christlichen Lehrgehalte pantheistisch zu durchdringen" (S. 385 f.).

5. In seinem großen zweibändigen Werk ›Der Gott der Philosophen‹ (1972) hat *Wilhelm Weischedel* ein ausführliches Kapitel des historischen Teils der ›Philosophischen Theologie Schellings‹ gewidmet (Bd. 1, §§ 44—49, S. 245—283) und sich auch im systematischen Teil nochmals kritisch mit ihm auseinandergesetzt (Bd. 2, § 143, S. 294 f.). *Weischedels* Darstellung bewahrt gegenüber *Schulz* und *Fuhrmans* ihre Selbständigkeit auch darin, daß ihre Interpretation Schellings Aussagen in ihrem wesentlichen Kern erfaßt, ohne sich an eine strenge periodische Scheidung zu halten, aber dabei doch nicht die sachlich gebotene Differenzierung vernachlässigt. Dabei werden auch die Äußerungen des ›Denkmals‹ und des ›Antwortschreibens an Eschenmayer‹ in ihrem sachlichen Gehalt voll zur Geltung gebracht.

„Die Philosophie Schellings ist in einem ausgesprochenen Sinn

Philosophische Theologie“ mit dem „Gedanken des als göttlich verstandenen Absoluten“ als Grundprinzip, letzteres vorbereitet durch den Gedanken der „Absolutheit und Freiheit im Ursprung des Ich“ als — freilich unbegründbare — Voraussetzung von Schellings früher Philosophie; an seine Stelle rückt später „das Ewige“ im innersten Grund des Selbstbewußtseins. Der Identitätsphilosophie ist „die Ichheit“ nur mehr „die Weise, wie das Absolute dem endlichen Erkennen erscheint“; die Idee des Absoluten ist demgegenüber absolute Einheit — oder auch absolute Indifferenz — von Idealität und Realität, von Denken und Sein. In bestimmten Etappen seines Denkens versteht Schelling Gott als „ein bestimmtes Stadium im Ganzen des Prozesses, den das Absolute durchläuft“; dieses manifestiert sich in Gott, wobei wiederum die Natur und, höher hinauf, das Dasein des Menschen ihrerseits Manifestationen der Gottheit sind. Es gibt jedoch — in der Natur wie im Leben des Menschen, in der Geschichte — das Irrationale und Zufällige; es muß von Gott her begriffen werden und nötigt uns so, in Gott selbst zwei gleich ewige Anfänge anzunehmen. Aber gerade so ist Gott als lebendiges, persönliches Wesen zu denken, das nicht ein für allemal fertig, sondern im Werden ist, das, aus absoluter Freiheit in einen Prozeß immer höheren Bewußtwerdens eintretend, in Welt und Mensch sich selbst verwirklicht.

Die Entfaltung dieser Philosophischen Theologie geschieht in einem absoluten Erkennen, das Schelling zunächst als spezifische Erkenntnis des Ewigen im Ich zu fassen sucht; aber bald übernimmt diese Funktion die intellektuelle Anschauung. Weischedel interpretiert sie als Schellings „philosophische Grunderfahrung“, die zwar faktisch Erfahrung ist, jedoch nicht im Kontext der übrigen Erfahrung steht und nur aus Freiheit zu vollziehen ist.

Grundlegend für die Philosophische Theologie ist jedoch die These, daß das Absolute, Gott, in der intellektuellen Anschauung unmittelbar erfahren wird, ja daß Gott nichts außer ihr, sondern unmittelbar in ihr ist; und da das Absolute wesentlich Vernunft ist, so ist das Geschehen des Philosophierens im Grunde göttliches Tun. Aber beruht die intellektuelle Anschauung nicht auf unbeweisbaren Voraussetzungen? Jedenfalls ist sie nicht auszuweisen, da sie, wenn überhaupt, nur als unmittelbare Erfahrung d. h. im faktischen Vollzug, wirklich ist. Auch die spezifischen Erfahrungen, in denen sie sich manifestiert, — etwa als ursprüngliche Einheit des Ich — sind nicht unmittelbar Gegenstände eines möglichen Bewußtseins, sie scheinen vielmehr alle unbesehen aus der Tradition übernommen und bieten somit „keinen gesicherten Ansatz für eine begründete Philosophische Theologie". Wenn ferner der Philosophierende „sich selbst als identisch mit dem Absoluten verstehen soll", so ist die Voraussetzung, alles abzustreifen, „was in diese Vereinigung nicht einzugehen vermag" — also eine Vernichtung der Subjektivität, ein Untergang des Bewußtseins in der intellektuellen Anschauung.

Was läßt sich jedoch in diesem Zustand erfassen? Im Sinne Schellings jedenfalls nicht das Nichts, sondern Gott, der dem Nichts überlegen ist; aber eben „daß Gott ist, ist . . . dogmatisch, nicht in einer philosophischen Grunderfahrung ausweisbare Voraussetzung". Ähnlich skeptisch äußert sich *Weischedel* abschließend — und freilich nur andeutend — über die von Schelling seit 1821 geforderte „Ekstase", die Seinserwartung, später — in der positiven Philosophie — die Erfahrung des „unvordenklichen Seins". Und er kritisiert am Ende [(2), Bd. 2, S. 249 f.], in Entgegensetzung zu seiner eigenen „Philosophischen Theologie des Vonwoher", daß Schelling die Wirklichkeit nicht „in ihrer Fraglichkeit in seinen Ansatz aufgenommen" habe und statt dessen „die Weltwirklichkeit in ihren Strukturen aus dem absoluten Prinzip abzuleiten versucht".

6. *Emanuel Hirsch* war wohl der beste Kenner der idealistischen Philosophie innerhalb der evangelischen Theologie. Seine große ›Geschichte der neuern evangelischen Theologie‹ ist zu Unrecht von der Schellingforschung bisher nicht zur Kenntnis genommen worden. Das mag damit zusammenhängen, daß Hirsch sich stets sehr kritisch über Schelling geäußert hat. Er ist zeitlebens wie *Karl Jaspers* und *Hans Jörg Sandkühler* Vertreter einer Haßliebe gegenüber Schelling gewesen, die scharfsichtig

macht für dessen Schwächen und sich als grundsätzliche Kritik äußert schon an den Motiven seines Denkens.

Was bei *Hirsch* dabei herauskommt, ist gleichwohl eine Charakterisierung von hohem Niveau, lehrreich auch in ihrer entschieden theologischen Orientierung. Gerade die Herausarbeitung der antithetischen Beziehungen Schellings zu der gleichzeitigen Theologie und Geisteslage allgemein ist wertvoll, auch die Erfassung von Schellings Position gegenüber der Aufklärung.

Im Unterschied zu Fichte, dessen Gedanken der junge Schelling begierig aufnimmt, droht ihm „der Gottesglaube überhaupt zu entschwinden"; sein Kritizismus, die Gegenposition zu dem leidenschaftlich bekämpften Dogmatismus, ist zunächst nichts anderes als ideal-atheistische Ichphilosophie. Die Ablehnung eines gegenständlichen Gottes und die Verneinung jeder moralischen Begründung des Glaubens — diese Position war ihm lebenslänglich eigen geblieben, und wenn er sich am Aufbau einer Gotteslehre versuchte, so nicht aus religiösem Interesse, sondern zur Abrundung seiner systematischen Daseinserklärung durch ein letztes Unbedingtes, einen einheitlichen Grund, ein Absolutes im spinozistischen und pantheistischen Sinn [(1), Bd. 4, S. 414 f.]. Seine „streng in sich geschlossene monistische, dabei aber sehr *geistige* Naturphilosophie" (S. 421) ist eine an Goethe gebildete organische und entwicklungsgeschichtliche Version von Spinozas Grundgedanken. So wird Schelling, auch durch seine Philosophie des Geistes und der Kunst, zum Begründer der romantisch-ästhetischen Spielart der idealistischen Gottesidee, der romantisch-geistigen Verklärung des Spinozismus zu einer pantheistischen Welt- und Lebensansicht religiös unbestimmten Charakters, die man „als eine der in Deutschland religiös auflösend wirkenden Mächte" ansehen muß (S. 420).

„Wohl das Gewaltsamste an launischem Umspringen mit der wirklichen Erscheinung" ist in dieser Zeit seine Deutung des Christentums (S. 423). Ihre Abwertung des Empirisch-Historischen — als des Exoterischen — zugunsten des Esoterisch-Spekulativen ist außerordentlich folgenreich: Jesus und das Urchristentum sind aus der Religions- und Bildungsgeschichte der Entstehungszeit restlos empirisch erklärbar, die christliche Idee des Gottmenschen aber ist davon unberührt, ebenso der christliche Symbolismus, dessen Vernichtung ebenso ein protestantisches Mißverständnis ist wie die moderne Bibelwissenschaft. Die kommende, durch das Christentum vorbereitete und eingeleitete Weltzeit, welcher der Protestantismus durch die Zerstörung der exoterischen Gestalt des Christentums vorgearbeitet hat, wird von einer philosophischen Religion bestimmt sein (S. 426 f.).

Nach dem Gesamturteil von *Hirsch* sind diese Vorstellungen „der erste frei und groß angelegte Versuch innerhalb der deutschen und europäischen Literatur, das Christentum losgelöst von zugleich allen orthodoxen und allen aufgeklärten Vorurteilen gerade von seinem Dogma her als bedeutende Erscheinung und Potenz der allgemeinen geistigen Bildung zu verstehen" — immer in der distanzierten Objektivität, von der die Rede war. Dabei werden von Schelling lauter große und bedeutende „Fragmale [! = Probleme] angerührt, die alle miteinander im 19. Jahrhundert fortdauern". Andererseits streicht diese romantische Hinwendung zu einer mythisch-symbolischen Religionsansicht „gleichsam mit einem Federzuge die ernste philologisch-historische Arbeit" der Theologie „als belanglos hinweg" und hat damit an der „Erweichung des alten strengen Wahrheitsbewußtseins" wesentlich mitgewirkt. Diese Philosophie stellt nicht mehr wie die Aufklärung „schlicht und gerade die Frage nach der Richtigkeit und Unrichtigkeit", sie erkennt andererseits „eine Tiefenschicht der Wahrheit auch in unrichtiger Lehre" (S. 428 f., 431 f.).

Schellings Spätphilosophie wird im gewandelten historischen Kontext — und darum erst in Bd. 5 — behandelt. Hier wird die Betrachtung vollends kritisch: Die Philosophie der Mythologie und Offenbarung entspringt aus dem Bestreben, „Hegel sowohl in der Darlegung der Begriffe von Gott und Gottes Verhältnis zur Welt, als auch in der begreifenden Nachzeichnung der christlichen Hauptlinien zu überbieten"; hier ist „das Beweisende eines zwingenden Zusammenhangs preisgegeben" (S. 268 f.), die „Eintragung eines Gegensatzes und eines an diesem Gegensatz Inhalt und Ziel gewinnenden Prozesses der Persönlichkeitswerdung in Gott" aber ist „sowohl philosophisch wie theologisch eine Barbarei" (S. 270). Geistesgeschichtlich hat diese „Erneuerung" des Dogmas auf die antirationalistische Theologie der Jahrhundertmitte zweifellos ihre Wirkung gehabt. Kein Wunder: Schellings Neufassung der Lehren von Menschwerdung und Versöhnung kommen an Antirationalismus und Antimoralismus den Aussagen der lutherischen Orthodoxie durchaus gleich. Und auch „alle theologischen Versuche des 19. Jahrhunderts, eine objektive Heilsgeschichte wissenschaftlich zu rechtfertigen, beruhen auf Anleihen beim späten Schelling" (S. 271). Insgesamt aber war „diese Theosophie des späten Schelling" für das allgemeine geistige Leben Deutschlands mit vollem Rechte „nichts als die wissenschaftlich nicht ernstzunehmende Altersschrulle eines einst berühmt gewesenen Kopfes", geeignet, als eine Art Karikatur der Hegelschen Philosophie „die idealistische Philosophie überhaupt als Phantasterei in Verruf zu bringen" (S. 274).

III. DIE EPOCHEN DER SCHELLINGSCHEN PHILOSOPHIE

1. Schellings Anfänge: Ich-Philosophie, Naturphilosophie, Identitätsphilosophie

Schellings philosophische Erstlingsschrift ›Über die Möglichkeit einer Form der Philosophie‹ von 1794 hat eine meisterhafte Interpretation von bleibendem Wert gefunden in der Dissertation von *Manfred Schröter*, die in der Sammlung seiner ›Kritischen Studien‹ [(6), 1971] wiederabgedruckt wurde.

Im Mittelpunkt der Diskussion über die Anfänge des Schellingschen Philosophierens steht jedoch das sogenannte Systemprogramm. Es wurde bekanntlich 1912 von *Franz Rosenzweig* im Berliner Hegelnachlaß aufgefunden und ist von Hegels Hand geschrieben — nach neueren exakten Feststellungen 1796. Der Entdecker hat seine Zuschreibung an Schelling als den Textautor in einer beigefügten Abhandlung eingehend und sorgfältig begründet. Die vorübergehende Beanspruchung der Autorschaft für Hölderlin durch *Wilhelm Böhm* (1926) darf heute als überholt gelten. Neuerdings hat jedoch *Otto Pöggeler* den Text für Hegel selbst reklamiert. 1969 wurden auf einer Tagung von Experten in Villigst *Pöggelers* Thesen sowie alle mit dem Fund zusammenhängenden Fragen eingehend diskutiert. Der jeweils mit guten Argumenten geführte Streit [vgl. *Rüdiger Bubner* (Hrsg.) (1), 1973] förderte eine Fülle von interessanten Einzelfeststellungen zutage, die auch für die Schelling-Interpretation von Bedeutung sind; eine Entscheidung in der Kernfrage wird dadurch jedoch nicht ermöglicht. Es ging zunächst um den Charakter des Schriftstückes: Sind es persönliche Aufzeichnungen Hegels? Ein Gedächtnisprotokoll? Ein Briefentwurf — möglicherweise von einem uns heute Unbekannten — an Gesinnungsfreunde? Oder schließlich doch ein Entwurf für ein in der Zukunft zu realisierendes philosophisches System? Auch über den philosophischen Rang der Aufzeichnung war man sich keineswegs einig. Einzelne Lehrstücke wurden auf ihre Terminologie hin untersucht, so etwa die Postulatenlehre durch *Klaus Düsing* (2), 1973 — eine langwierige Methode, die aber vielleicht allmählich eine genauere Ortung erlauben könnte. Das Votum *Pöggelers* (1), 1965 [vgl. ferner (2), 1973] für Hegel hat *Xavier Tilliette* (4), 1973, wie er zu Beginn seines Vortrags gesteht, veranlaßt, ein ganzes Kapitel aus seinem großen Werk zu tilgen, er hat aber, wie seine weitere Argumentation erweist, inzwischen zu der konservativen Auffassung von Rosenzweig zurückgefunden, nach der die Annahme einer Autorschaft Schellings immer noch die plausibelste Lösung des Rätsels darstellt.

Konservativ in diesem Sinne ist auch *Wolfgang Wieland* in seinem wichtigen Aufsatz ›Die Anfänge Schellings und die Frage nach der Natur‹ [(2), 1967]. Das Systemprogramm spielt bei seiner Erörterung nur eine Nebenrolle, aber es ist eindrucksvoll, wie gut es jeweils mit den interpretierten Lehrstücken harmoniert. Wieland sucht vor allem die Naturphilosophie von ihrem Ursprung her zu rehabilitieren. Es war eine Aporie der Transzendentalphilosophie, die Schelling dorthin geführt hat, und so wird man unter diesem Aspekt auch den Wahrheitsgehalt seiner Naturphilosophie zu überprüfen haben. In seinen ersten Schriften zeigt Schelling sich besonders interessiert an Kants praktischer Philosophie, insbesondere an deren Postulatenlehre, er unterscheidet sich jedoch von Kant, insofern er an dem Inhalt dieser Postulate (Gott, Freiheit, Unsterblichkeit) nicht theoretisch, sondern praktisch interessiert ist — mit den Worten des Systemprogramms: „Da die ganze Metaphysik künftig in die Moral fällt." Er philosophiert aus der Position des frei handelnden Subjekts und verabsolutiert damit Kants Einsicht, daß sich die Praxis „ihre eigene Wirklichkeit und ihr eigenes Wirklichkeitsverständnis aufbaut". Insbesondere seine Naturphilosophie ist — wiederum ganz im Sinne des Systemprogramms — der Versuch, die Welt so zu konstruieren, wie sie sich für ein moralisches Wesen darstellen muß. Und weiter: Schon Schellings erste Schriften fragen nach den Bedingungen einer sinnvollen Rede vom Absoluten oder Unbedingten; damit wird Kants Beschränkung der Begriffe auf den Bereich möglicher Erfahrung bewußt überschritten und zugleich ein neues Verständnis der Wirklichkeit begründet: Der Begriff Gottes ist nicht „nur" eine Idee, sondern er ist Idee, eine Wirklichkeit für die Subjektivität. Wenn Schelling dann weiter das ungegenständliche Unbedingte als absolutes Ich bezeichnet und sich dafür auf die intellektuale Anschauung beruft, so ist das kein Sprung in Irrationalismus oder Mystik, sondern „Ergebnis einer konsequent durchgeführten Sinnanalyse". Die wichtigen, Wesentliches klärenden Erörterungen des Terminus „Intellektuale Anschauung" weisen darauf hin, daß Schelling, da die Reflexion hier ihr eigenes Ungenügen erfährt, sich anstelle von Aussagen „imperativischer Formen bedient"; die Vieldeutigkeit der immer erneuten Ansätze zeigt freilich am Ende nur, daß Schelling damals „noch nicht über die erforderlichen Mittel für die hier notwendigen Differenzierungen" verfügt (S. 419 f.).

Die Naturphilosophie wird hier wichtig einmal als Vorgeschichte des Selbstbewußtseins, vor allem aber durch „die Frage nach den ihr selbst zumeist verborgenen Voraussetzungen der Philosophie" (S. 421): Philosophie ist nichts Natürliches, sie setzt eine Entzweiung voraus; und wie diese, so ist auch die Philosophie eine Tätigkeit, die „nur aus Freiheit möglich" ist. Nur in diesem Sinn — und nicht aufgrund bestimmter Erkenntnisse — ist Philosophie esoterisch, gleichzeitig aber ist sie keine sich selbst genügende Theorie, sondern ein Übergangsphänomen zwischen einem Naturzustand, den Schelling später mit dem mythischen Bewußtsein gleichsetzt, und einem nur durch Freiheit zu erreichenden Zustand wiedererlangter Natürlichkeit.

Was aber ist unter der Aufhebung der Entzweiung zu verstehen, durch die sich zugleich die Philosophie als Wissenschaft überflüssig macht? Die Antwort erhalten wir durch das „nur als private Mitteilung konzipierte Systemprogramm sowie begriffliche Äußerungen", für deren Auslegung *Wieland* einen wichtigen methodischen Gesichtspunkt nennt: „Man kann nicht gut die von einem Autor veröffentlichten Texte gegen seine unveröffentlichten Schriften, gegen Briefe oder gegen Dokumente rein privaten Charakters ausspielen ... Kommensurabel sind Aussagen eines Autors nur unter der Bedingung, daß sie sich an denselben Adressaten richten"; es gilt hier, Schwierigkeiten zu beachten, „die gewöhnlich in der Philosophiegeschichte viel zu wenig ernstgenommen werden" (S. 433). Inhalt jener privaten Äußerungen also sind Hinweise auf „ein politisches und soziales Ideal", eine religiös getönte Utopie und eine sich darin artikulierende Naherwartung — dies alles freilich in den veröffentlichten Schriften der Folgezeit uminterpretiert zur Geschichtsphilosophie (S. 427 ff.). Die Möglichkeit aber, dergleichen philosophisch zu denken, eröffnet die Naturphilosophie: Das analytisch bestimmte Absolute, zuerst als „Ich" gedacht, wird „nun als alles umfassende ‚Natur' gedeutet", und diese soll „so gedacht werden, daß sie sogar die Entstehung eines Nichtnatürlichen, eben der Freiheit ermöglichen soll". Besonders hervorzuheben ist hier aus *Wielands* Analysen einmal sein Hinweis auf Schellings grundsätzliche Offenheit für die empirische Wissenschaft und ihre Ergebnisse, zum andern aber seine abschließende Feststellung, „daß Schellings Zuwendung zur Welt der Natur ihrer Intention nach keinen Rückfall in einen längst abgetanen philosophischen Dogmatismus bedeutet, sondern einem auf die Spitze getriebenen Zweifel gegenüber dem Sinn und den Möglichkeiten der Philosophie überhaupt entspringt" (S. 473).

Schellings Verhältnis zu Fichte war für die Anfänge seiner Philosophie bekanntlich von besonderer Bedeutung; man hat hier aber im allgemeinen mehr die Beziehungen der Jenaer und Würzburger Zeit im Auge. Darum ist die sorgfältige Analyse von besonderem Wert, mit der *Reinhard Lauth* ›Die erste philosophische Auseinandersetzung zwischen Fichte und Schelling 1795 bis 1797‹ [(1), 1967] nachgezeichnet hat. Der Anfang der sachlichen Differenzen zwischen beiden ist hier mit einer bisher nicht bekannten Deutlichkeit sichtbar gemacht. Im Frühsommer 1794 erschien Fichtes ›Begriff der Wissenschaftslehre‹, bereits wenige

Monate später, als Echo darauf, Schellings Erstling ›Über die Möglichkeit einer Form der Philosophie überhaupt‹, den der junge Adept Fichte mit einem Begleitbrief zusandte. Er erhielt darauf von Fichte zur Jahreswende in Bogen den ersten Teil der ›Grundlage der gesamten Wissenschaftslehre‹. Mit ›Vom Ich als Prinzip der Philosophie‹ setzt Schelling seine freie Version von Fichtes Lehre fort, wobei der Brief an Hegel vom 4. 2. 1795 deutlicher erkennen läßt, worauf es Schelling — zumindest weltanschaulich — eigentlich ankam. Bereits hier bemerkt *Lauth* (S. 346—348): Die von Schelling durch Unterstreichung besonders hervorgehobenen Partien — „Gott ist nichts als das absolute Ich"; „es gibt keinen persönlichen Gott"; „unser höchstes Ziel ist die Zerstörung der Persönlichkeit" — können einen echten transzendentalen Sinn haben, aber „daß das bei Schelling so nicht liegt, sollte sich bald zeigen", zumindest habe Schelling Fichte mißverstanden. Besonders im praktischen Teil seiner Schrift greife Schelling „transzendentalphilosophisch gesehen zu kurz", seine Konzeption schließe „sowohl das sittlich Gute als auch die echte Freiheit" aus. Hier sieht *Lauth* Anzeichen von dogmatischem Idealismus, der in den ›Philosophischen Briefen über Dogmatismus und Kritizismus‹ (1795/96) voll zum Durchbruch kommt. Übrigens wird hier Fichtes Lehre als „objektiver Idealismus" bezeichnet, später bekanntlich der zur Kennzeichnung der eigenen Lehre gegenüber Fichtes „subjektivem Idealismus" dienende Ausdruck.

In der Gegenüberstellung von Dogmatismus und Kritizismus hatte Schellings eigene Auffassung ihren bisher klarsten Ausdruck gefunden; so war damit ein Anlaß für Fichte gegeben, seine eigene Auffassung davon abzugrenzen. Seine — verschlüsselte — Antwort finden wir in der ›Ersten Einleitung zur Wissenschaftslehre‹ (1797), die ›Zweite Einleitung‹ fügt eine — methodisch ebenfalls auf Schelling gemünzte — Bemerkung hinzu, die den Vorwurf der „Formularphilosophie" erhebt. Man kann die Kritik Fichtes kurz so zusammenfassen: Im Unterschied zur Wissenschaftslehre mangelt es bei Schelling an der Rechtfertigung der Begriffe, sowohl seines Ausgangsbegriffes wie der anderen, mit denen dieser Begriff kombiniert wird; die Wissenschaftslehre dagegen macht zum Gegenstand ihres Denkens „ein Lebendiges und Tätiges, das aus sich selbst und durch sich selbst Erkenntnisse erzeugt, und welchem der Philosoph bloß zusieht". Außerdem unterscheidet die Formularphilosophie nicht zwischen dem in der gewöhnlichen Reflexion Gesehenen und der transzendentalen Reflexion, welche zugleich das in der gewöhnlichen Gesehene und die auf diese gerichtete Reflexion erfaßt. Nur so kann es geschehen, daß jemand neben und außer dem transzendentalen Idealismus noch ein realistisches System für möglich gelten läßt. Der Realismus ist zwar ein notwendiger Gesichtspunkt des gemeinen Bewußtseins, aber er kann transzendental durchschaut werden — und ist dann keine Alternative mehr. Zu Unrecht also versteht Schelling den Idealismus nicht als Transzendentalphilosophie, sondern als Lehre von einem Ich an sich (S. 360 f.).

Nun war für Schelling die Wahl zwischen Dogmatismus und Kritizismus letztlich eine Sache der persönlichen Entscheidung, und hierin scheint er mit Fichte übereinzustimmen, der erklärt: Wer sich selbst nur im Vorstellen der Dinge findet, wer, „in der Tat nur ein Produkt der Dinge ist, wird sich auch nie anders erblicken" — er ist ein Dogmatiker; wer aber „sich unabhängig von allem durch sich selbst zu etwas macht", der „glaubt an seine Selbständigkeit aus Neigung". Jedoch kennt Fichte im Unterschied zu Schelling die Gleichmöglichkeit eines dogmatischen oder idealistischen Ausgangspunktes nur am Anfang der Philosophie; im weiteren Fortgang erweist sich dagegen, daß der Dogmatismus sich aus sich selbst nicht zu rechtfertigen weiß, während der Idealismus das Interesse des Glaubens an die Spontaneität vernünftig zu begründen vermag durch den Aufweis des Sittengesetzes in uns, in welchem dem Ich ein absolutes, nur in ihm und schlechthin in nichts anderm begründetes Handeln angemutet wird; und im Bewußtsein dieses Gesetzes ist die Anschauung der eigenen Selbständigkeit und Freiheit begründet. Es besteht hier also keine Willkür der Wahl, es entscheidet vielmehr die „praktische Notwendigkeit" — den Begriff streng im Sinne Kants genommen.

Eine Ergänzung zur Diskussion der — durch Fichte initiierten — Ichphilosophie und der Naturphilosophie bildet der ausgezeichnet belegte Aufsatz von *Klaus Düsing*, „Spekulation" und „Reflexion". Zur Zusammenarbeit Schellings und Hegels in Jena [(1), 1969], ein Musterbeispiel für die mögliche Fruchtbarkeit sorgfältiger, ja minutiöser Textvergleichung. Damit kommt Hegel, der Studienfreund und spätere große Gegenspieler, in seiner Bedeutung für Werden und Wandel der Schellingschen Philosophie zur Geltung. Die Untersuchung stellt die bisherige Auffassung über die Beziehungen der beiden Denker auf mehrfache Weise in Frage. Insbesondere die Konzeption der Identitätsphilosophie scheint demnach stärker durch Hegel bestimmt, als man bisher angenommen hatte: Schelling hat hier systematische Anregungen Hegels aufgenommen und in seinem Sinne uminterpretiert. Das wird am Bedeutungswandel des Begriffspaares „Spekulation" und „Reflexion" nachgewiesen. Index für die Bedeutungsverschiebung beim Begriff der Spekulation sind zunächst die terminologischen Unterschiede zwischen den beiden Auflagen der ›Ideen zu einer Philosophie der Natur‹ von 1797 bzw. 1803, die von Herausgeber der 1. Gesamtausgabe bis auf einen summarischen Hinweis (2, 13 Fußnote) ebenso übergangen wurden wie manche anderen Textänderungen. Schon die ›Darstellung meines Systems der Philosophie‹ von 1801, also die authentische Fassung der Identitätsphilosophie, übernimmt Hegels Begriff der Spekulation und ihres Korrelats, der Reflexion, wobei nunmehr „Spekulation" stets im positiven, „Reflexion" dagegen im negativen Sinn angewandt wird; anstelle von „spekulativ" im ursprünglichen (negativen) Sinn steht auch „raisonnierend" oder „abstrakt". Der Wandel der Gesamtauffassung entspricht dem genau: Der „anthropologisch-geschichtliche Gedanke" von der einstigen elementaren Einheit des Menschen mit der Welt wird „zu einer idealen Ableitung seines ‚höheren Wesens' und seines ‚geistigen Lebens' aus der ‚absoluten Identität' umgedeutet" (S. 103).

Ein Ergebnis der genannten Textvergleichung ist u. a. die Beobachtung (S. 107), daß Schelling „die Idee der ‚spekulativen

Physik' mit dem darin enthaltenen spezifischen Begriff von Theorie" erst nach 1797 entworfen hat; ihr Gegenbegriff wird in der 2. Auflage nicht mehr als „spekulatives", sondern als „rein raisonnierendes System" bezeichnet. Zu diesem Entwurf einer spekulativen Physik bringt *Düsing* weitere wertvolle Anmerkungen: Spekulation bedeutet in diesen Zusammenhängen „Konstruktion bzw. Theorie der Natur als ihrer Selbstkonstruktion; sie erfaßt die Natur nicht nur als Produkt, sondern zugleich als Produktivität, als *natura naturans*"; gelegentlich kommt Schelling hier nahe an den Begriff der Spekulation im Identitätssystem heran. Auch Schellings Unendlichkeitsbegriff wandelt sich in dieser Zeit — offenbar unter Hegels Einfluß; Ähnliches ergibt sich für den Begriff der Identität (S. 112). Besonders deutlich aber ist die Übereinstimmung beim Vernunftbegriff des Identitätssystems und in Hegels Differenzschrift: Der Standpunkt der Spekulation ist bei beiden der Standpunkt der Vernunft, und ein Gleiches gilt für den Begriff des Dinges an sich. Schelling und Hegel begründeten so zusammen „eine neue Gestalt der Metaphysik, indem sie jeweils ihre eigenen früheren Positionen verließen" (S. 113). Manche Fragen der Priorität sollte man aber vielleicht noch vorsichtiger beantworten.[11] Es würde sich gewiß lohnen, den „charakteristischen Umformungen" Hegelscher Motive durch Schelling (vgl. S. 128) noch weiter nachzugehen.

Die Untersuchung von *Christoph Wild*, Reflexion und Erfahrung. Eine Interpretation der Früh- und Spätphilosophie Schellings (1968) läßt ein Problem der Schelling-Interpretation sichtbar werden, das auch bei anderen Arbeiten zu beobachten ist. Wir folgen zunächst der Argumentation des Buches. Die Brücke vom jungen Schelling insbesondere der Naturphilosophie zu dessen Altersphilosophie ist für *Wild* das Begriffspaar von Reflexion und Erfahrung. „Reflexion" ist dabei Index für eine Transzendentalphilosophie, die sich als Selbstreflexion des Wissens ver-

[11] Zu S. 115 wären Schellings Aussagen im Brief an Eschenmayer vom 30. 7. 1805 kritisch zu vergleichen.

steht. Das Problem: „In welchem Verhältnis steht das Wissen, insofern es das Begreifende ist, zu sich, insofern es begriffen wird" — stehen also Reflexion und Erfahrung (S. 9)? Für die Frühphilosophie — und nur sie kann uns in unserem Zusammenhang beschäftigen — lautet die Antwort: Die Transzendentalphilosophie wiederholt in Freiheit die ursprüngliche Handlung der Selbstanschauung, oder anders: Die in den Produkten der Anschauung sich selbst darstellende Tätigkeit schaut nunmehr, im philosophischen Vollzug, auch wirklich sich selbst an — und nicht nur ihre Produkte; dadurch aber scheiden sich Anschauung und Objekt, es entsteht der Begriff, zugleich aber werden, durch den Bezug des Objekts auf die Anschauung, Anschauung und Begriff in eins gesetzt im Urteil. Jene Scheidung, Entzweiung von Geist und Objekt ist eine Handlung, die sich nur als Selbstbestimmung des Geistes, anders gesagt: als Wollen erklären läßt; der Geist ist darin sich selbst Objekt, oder: er ist sich seiner bewußt, das Bewußtsein ist Selbstbewußtsein geworden. So ist das ausgeführte System der Transzendentalphilosophie die Reflexion des Wissens auf sich selbst. Dieses Wissen wäre inhaltlich die gewußte Wirklichkeit in ihrer ganzen Breite, jedoch verzichtet die Transzendentalphilosophie darauf, die ganze Mannigfaltigkeit dieses Gehalts abzuleiten. So steht der Reichtum der Erfahrung, das faktische Wissen unvermittelt neben ihr. Allerdings soll die Erfahrung in der Reflexion ihrer Möglichkeit gewiß werden und dadurch gesichert fortschreiten; die Frage ist nur, ob die Philosophie nicht auch über jene unübersehbare Mannigfaltigkeit der Erfahrung etwas auszumachen hat, die sich der „reinen Reflexion" — ein von *Wild* geprägter Terminus — entzieht. Eine Antwort darauf ist nach *Wild* die Naturphilosophie als Philosophie einer besonderen Erfahrung; sie hat die Möglichkeit unseres Wissens von der Naturmannigfaltigkeit zu erklären, und zwar entsprechend den Elementen, aus denen sie sich zusammensetzt, und deren systematischem Zusammenhang.

Wilds Darlegung ist in sich schlüssig, aber sie gibt nicht wieder, was Schelling selbst gemeint und als seine Meinung deutlich ausgesprochen hat. *Wild* versucht gewissermaßen, Schellings Argumentation einen „vernünftigen Sinn“ abzugewinnen, indem er ihr alles wegamputiert, was sich dieser Bemühung in den Weg zu stellen scheint. Dabei verliert er die entscheidenden Pointen, und was übrigbleibt, könnte auch ein Neukantianer um die Jahrhundertwende gesagt haben. So ist es auch nicht zufällig, daß wesentliche Partien von *Wilds* Darlegung ohne Textnachweis bleiben (z. B. S. 28—31). Um den Einwand der Verkürzung und damit der falschen Pointierung zu verifizieren, braucht man nur die Untersuchungsergebnisse von *Wolfgang Wieland* (2), 1967 zum Vergleich heranzuziehen, welche ja ebenfalls die Frage Schellings nach der Natur zum Thema haben.

Zum Schluß ist auf drei Abhandlungen einzugehen, die Schellings Philosophie von ihren Anfängen mit Einschluß der Identitätsphilosophie untersuchen. *Fritz Meier*, ›Die Idee der Transzendentalphilosophie beim jungen Schelling‹ (1961) interessiert sich vor allem für das Verhältnis von Transzendentalphilosophie und Naturphilosophie, er untersucht aber weiter ihre Verschmelzung in der Identitätsphilosophie, und hier lautet seine Frage: „Läßt sich eine Transzendentalphilosophie so ohne weiteres überführen in eine Identitätsphilosophie? Läßt sich die transzendentale Beziehung von Subjekt und Objekt widerspruchslos mit der ontologischen Identität von Subjekt und Objekt vereinbaren?“ (S. 1). Diese Fragen stellen heißt, sie verneinen oder doch ihre Bejahung in Zweifel ziehen. Der Standpunkt des Verf. ist eindeutig auf seiten der Transzendentalphilosophie gegen das, was er bei Schelling immer wieder als „Ontologie“ denunziert, wofür er übrigens als Gegenbegriff „Gnoseologie“ wählt. Nun erschöpft sich eine Transzendentalphilosophie aber gewiß nicht in Erkenntnislehre; und andererseits ist Schelling eben auch in den „ontologischen“ Partien seines Werkes Idealist, wie der Verf. selbst gelegentlich feststellt: auch später spricht Schelling vom unbedingten Primat des Geistes gegenüber der Natur, wird die „absolute Subjektivität“ des Absoluten betont, soll der transzendentale Grund alles Erkennens und Seins ein absolut Geistiges sein (S. 14). Mit solchen Antithesen kommt man aber Schelling kaum näher, und so ist auch wohl nicht viel mit der

Feststellung gewonnen, es sei eine „Eigentümlichkeit des Schellingschen Philosophierens, daß dort, wo Schelling ontologisch denkt, die Gnoseologie, und dort, wo er gnoseologisch denkt, die Ontologie nicht völlig in Ausfall gerät" (S. 38). Die Naturphilosophie sei zwar „der mächtige Ausschlag auf die Seite des Objekts", aber auch sie stehe unter der Frage: „Wie geschieht denn eigentlich ‚in mir' (subjektiv) der Aufstieg vom naturhaft Unbewußten zum Bewußtsein, was ist die Natur *für* mein Bewußtsein? Und was ist sie ‚außer mir' (objektiv), ‚an sich', unabhängig von meinem Bewußtsein?" (S. 41 f.). Naturphilosophie sei eben zugleich „transzendentale Naturbetrachtung" — schon im ›System‹ von 1800 — und „ontologische Naturbetrachtung" — in der selbständigen Naturphilosophie —, und beides zusammen führe dann zur Identitätsphilosophie.

Judith Schlanger stellt ihre Untersuchung (1), 1966 unter den Titel ›Schelling et la réalité finie‹. Sie bietet ausgezeichnete, ebenso souveräne wie eindringliche Interpretationen von Schellings philosophischen Schriften bis zur Identitätsphilosophie. Als ihr Problem bezeichnet sie die enge Verbundenheit zweier Themen im Denken Schellings: Das Thema einer konkreten Philosophie auf der Basis der Intuition und das Thema des Zugleich (simultanéité) von Absolutem und Endlichem in einer Realität, die durch wohlunterschiedene Totalitäten konstituiert ist. Dieses Programm gestattet freilich sowenig wie ein anderer einzelner Satz des Buches im voraus zu erfassen, was gemeint ist — aber nicht, weil das Ganze aus unklaren Andeutungen bestünde, sondern weil die Verfasserin sich mit den scheinbar oder wirklich widersprüchlichen Aussagen dieser Schriften einläßt, man muß sagen: herumschlägt, ihre Widersprüchlichkeit oft erst artikuliert, um dann aber deren Gründe und den gleichwohl in dem Ganzen gegenwärtigen Sinn dieses Philosophierens, seine Wahrheit zu erfassen. Das geschieht mit unvergleichlicher Sensibilität auch für die Nuancen des Gedankens. Es ist eine „immanente" Interpretation, die keine normativen Gesichtspunkte von außen an den Text heranträgt; ihre Unmittelbarkeit, die sich nicht bloßer Faszination verdankt, wird in einem fragenden, kritisch aufhellenden Dialog mit dem Philosophen durchgehalten und vertieft. Sie setzt ein mit dem ›Systemprogramm‹[12], zu dem sie auch später immer wieder zurückkehrt.

Unter dem Stichwort „Matematismo", das man wohl mit „Mathematizismus" wiedergeben müßte, geleitet uns *Gianfranco Frigo,* Matematismo e Spinozismo nel primo Schelling (1969) in einer geradezu dramatischen Schilderung auf dem Denkweg Schellings bis zu einer Peripetie, die er im Scheitern der Identitätsphilosophie erreicht sieht. „Spinozismus" ist kein Gegenbegriff, sondern mehr eine zusätzliche Etikettierung desselben Irrtums, „Matematismo" das Kennwort für die spezifische Argumentationsweise Schellings, der einerseits intuitionistisch seine Prinzipien gewinnt — ähnlich der mathematischen, insbesondere der geometrischen Axiomatik, der aber dann andererseits aus diesen Prinzipien die entsprechenden Folgerungen abzuleiten sucht — auch dies ein im weiteren Sinne mathematisches Verfahren. So gelangt Schelling zunächst zur Grundlegung einer Naturphilosophie, nach Meinung des Verf.: einem universalen „Naturalismus" — dessen Beseitigung doch das eigentliche Ziel jedes Idealismus sein müßte. Im ›System des transzendentalen Idealismus‹ sucht Schelling zwischen beiden Richtungen der Philosophie in einer ästhetischen Anschauung zu vermitteln. Das Scheitern dieser Versöhnung und der Streit mit Fichte führen schließlich zum Identitässystem. Hier wird Schelling durch die in Spinozismus und Mathematizismus wirksame Einheitstendenz in jene Nacht abgedrängt, in der jede konkrete Bestimmtheit verschwindet. So endet also eine Philosophie, die zu Beginn das freie, schöpferische Ich über Alles erhoben hatte, mit der Vernichtung jenes Ich und seiner Freiheit in einem Absoluten, das für das empirische Bewußtsein nur etwas Irrationales sein kann. Einen Ausweg aus diesem schrecklichen Debakel „wird Schelling, wie man sagte, . . . in den Untersuchungen seiner sogenannten positiven Philosophie suchen" (S. 8).

[12] Eine französische Übersetzung dieses Textes auf S. 2 ff.; X. Tilliette hat in (3), S. 294, n. 12 einige Korrekturen vorgeschlagen.

Schließlich sei hingewiesen auf den schönen Beitrag zur Interpretation der Identitätsphilosophie von *Detlev v. Uslar* (1), 1968. Er beschreibt „die innere Bewegung der absoluten Identität“ und versucht so die methodische Eigenständigkeit Schellings gegenüber Hegel nachzuweisen, dessen Dialektik ja — vor allem infolge der Polemik Hegels selbst — immer der Maßstab war, mit dem man Schelling meinte messen zu müssen. Es geht ihm aber schon in der Identitätsphilosophie „um dieselbe Sache“, die Schelling in seiner Spätphilosophie als „Frage nach dem Subjekt des Seins darstellt“ (S. 503). Im Gegensatz zu Hegel denkt Schelling „die innere Bewegung des Absoluten *ohne Negation*“; die absolute Identität ist in der Entfaltung ihrer selbst Einheit von Sein, Unendlichkeit, Einheit und Allheit des Seienden, und das Denken folgt bei ihrer Erfassung nur einem von vornherein in sich vollendeten Verhältnis.

Aber nun entfaltet sich die Identität ja zur Totalität des Seienden, ohne daß sie „dabei aus sich herausgeht“, denn diese Entfaltung ist absoluter Selbstvollzug und Selbstentfaltung. Diese Einsicht Schellings basiert auf der in seinen Frühschriften erfaßten Selbsterfahrung des Ich, in der aber — wie er nun erkennt — die Identität als Prinzip des Seins von allem Seienden überhaupt erfahren wird. In der Mitte aller Überlegungen Schellings steht darum später immer die absolute Identität, die „aller Entfaltung . . . im Wechselspiel subjektiver und objektiver Momente immer schon voraus ist“.

Dieser Selbstvollzug der Identität darf nicht, unter dem Eindruck von Hegels Dialektik, als Prozeß verstanden werden, sie ist — nach einem treffenden Bild des Verfassers — eher eine Art von Spiegelspiel. Schelling macht das Sich-Verlieren des Ich im Spiegelbild der Objektivität und ihr Sich-Wiedererkennen in den Objekten, das sich beides in immer erneuter Weise vollzieht, zum Gegenstand seiner Darlegung. Und das Bewegungsprinzip seiner Philosophie ist darum nicht, wie bei Hegel, „eine Negation der Negation, sondern die unendliche Potenzierung einer Identität der Identität“ (S. 507), und die intellektuelle Anschauung durchschaut die jeweilige polare Aufspaltung der Identität, welche notwendig ist, um die Identität auszudrücken, „gleichsam als unendliche Illusion". Eben in dieser Aufspaltung, die sich an jedem der beiden Pole bis ins Unendliche fortsetzt, entfaltet sich die absolute Identität in einer unendlichen Totalität von Identitäten.

Damit entsteht, was der Verf. „Spiegelspiel" nennt: eine Blickbewegung geht zwischen den Polen hin und her — es ist die innere Dynamik des Identitätsprinzips. Eine geistige Blickweise, eine innere Bewegung der Anschauung, ein hin und her spielendes Begreifen eines größeren Zusammenhanges mit den Augen entspricht hier kontrastierend der dialektischen Bewegung des Begriffs bei Hegel. Das Prinzip der Identitätsphilosophie ist demnach eine Methode der polaren Anschauung und Akzentuierung. Es gibt hier keine „eindeutig treibende Dynamik", Schellings Denken hält vielmehr „die polaren Gegensätze in einer eigentümlichen Weise in der Schwebe, wobei eine Akzentuierung des einen Pols gleichsam im selben Moment schon einen Reflex am andern Pol, eine spiegelhafte Ergänzung auslöst": „ein anschauliches Umspielen der einander ergänzenden perspektivischen Standpunkte", „ein dialektisches Spiel der Anschauung", aber keine logische Dialektik.

Damit meint *v. Uslar* „Stilunterschiede des Denkens" bezeichnet zu haben, denen sachliche Unterschiede entsprechen müssen; über sie hat sich der Verf. allerdings nur andeutungsweise ausgelassen. Seine Skizze, die bereits in ihrem Mut zu anschaulicher Beschreibung eine Affinität zu Schelling verrät, ist aber gewiß für die Schelling-Interpretation sowohl methodisch wie in ihrem sachlichen Ergebnis bemerkenswert.

2. Die Epoche des Übergangs

a) ›Über das Wesen der menschlichen Freiheit‹ (1809)

Auch die ›Freiheitsschrift‹ steht neuerdings im Gegeneinander bzw. im unvermittelten Nebeneinander verschiedener Auffassungen.

Eine kurze Studie von *Michael Theunissen* (1), 1965 zeigt die fast unüberwindlichen Schwierigkeiten auf, die verschiedenen, in der Gedankenentfaltung dieser Schrift auftretenden Bestimmungen der Freiheit und des Menschen zusammenzudenken und als Bestandstücke einer einheitlichen Auffassung zu interpretieren. Die Widersprüche zwischen diesen Bestimmungen sucht er daraus verständlich zu machen, daß Schelling seinen anfänglichen, im Grunde schöpfungstheologischen Ansatz später verlassen hat und zu einem traditionell idealistischen Freiheitsbegriff zurückgekehrt ist, der an seinen früheren Konzeptionen orientiert ist. Menschliche Freiheit war zunächst begriffen als eine gegenüber der absoluten Freiheit Gottes derivative Freiheit, menschliches Dasein dementsprechend weder als bloß setzendes Ich noch als etwas vom Ich Gesetztes, sondern als von Gott gesetzte, geschaffene Realität wie die weltliche Realität überhaupt; im weiteren Verlauf siegt jedoch die ursprünglich allein gedachte Absolutheit der menschlichen Freiheit über ihre Konzeption als abgeleitete Freiheit. Schelling sucht die Immanenz der Welt in Gott und die Selbständigkeit des Geschaffenen zu verbinden, indem er die Unterscheidung Gottes als Existenz und des Grundes in Gott einführt. Dieser Unterscheidung entsprechend ist es die Sonderstellung des Menschen im Kosmos, daß Gott die menschliche Seele als Inneres aus seinem Grunde hervorhebt und damit seiner Sehnsucht nach innerer Einheit seiner Momente folgt. Dadurch wird der Mensch als Geistwesen ins Überkreatürliche, in die absolute Gottunabhängigkeit erhoben: Geist ist Gott selbst *actu* existierend. Auch der Mensch hat also die beiden in Gott unzertrennlichen Prinzipien von Existenz und Grund ursprünglich in sich, aber in ihm sind sie „zertrennlich" — was bedeutet, daß der Mensch sie „verkehren" kann, daß er, mit anderen Worten, die gehaltvolle Freiheit des Guten und Bösen besitzt.

Theunissen weist jedoch auf die tiefe Zweideutigkeit dieser Sicht hin. Die nur ihm, dem Menschen mögliche Qualität des Bösen ist zwar, auf Gott bezogen, Verkehrung; andererseits ist sie aber das eigentlich Menschliche: Gerade das Tun des Bösen ist gehaltvolle Selbstverwirklichung des Menschen, seine transzendente, im Sündenfall manifeste Tat wird als „gleich anfänglich" mit der Schöpfungstat Gottes erklärt. Damit kehrt Schelling von der in seinem ursprünglichen Ansatz proklamierten realen Freiheit zurück zu der formalen Freiheit, etwas „von selbst anzufangen", wie die klassische Kantsche Formel heißt. Aber, so argumentiert *Theunissen* abschließend, vielleicht ist Schellings Scheitern bei der Durchführung seines ursprünglichen Ansatzes das notwendige Schicksal des Philosophen, der die geglaubte und nur zu glaubende Geschöpflichkeit des Menschen zu denken versucht. Darum reflektiert die Spätphilosophie Schellings in einem neuen Anlauf und diesmal radikaler die Gesetztheit des setzenden Ich, die Faktizität der Vernunft selbst: Die Vernunft muß einen von ihr unabhängigen Grund voraussetzen. Aber auch die so begriffene Gesetztheit ist noch nicht die ursprüngliche Kreatürlichkeit — bis sie am Ende von Schellings Denkgeschichte als in der Erfahrung vorgegebene erkannt und wirklich anerkannt wird.

Horst Fuhrmans' knappe Bemerkungen [(5), 1964, S. 139 bis 180] sind ganz im Blick auf diese erst später entfalteten Denkansätze formuliert und bieten damit für die Interpretation wenig Aufschlußreiches. In der Einleitung zu seiner Ausgabe der ›Freiheitsschrift‹ weist er zwar auf Einflüsse Böhmes und der Theosophie hin, welche damals Schellings Denken in neue Bahnen gelenkt haben, es gelingt ihm aber nicht, damit auch die gedanklichen Schwierigkeiten, ja Widersprüchlichkeiten der Schrift aufzuhellen.

Die Vorlesung von *Martin Heidegger* aus dem Sommer 1936 [(1), 1971] gibt im Unterschied zu den beiden zunächst genannten Autoren eine genaue Auslegung der gesamten Schrift streng in der Abfolge des Textes. Es verdient hervorgehoben zu werden, daß dabei nirgends, oder, um es genau zu sagen, nur bei der Interpretation der beiden letzten Textabschnitte, und auch da nur andeutend (S. 194 f.), Perspektiven zur Geltung gebracht werden, in die Schellings Gedankengänge hineingezwungen würden oder die zum Anlaß für den Interpreten würden, sich dem Text kritisch gegenüberzustellen. Durchgängig meint man vielmehr eine geradezu ehrfürchtige Haltung gegenüber dem Text zu spüren, hinter dessen denkerischer Dichte der aufschließende Kommentar nicht zurückbleiben möchte. Zur Theologie schafft er dabei von vornherein Distanz, indem er nicht immer von „Gott", sondern des öfteren von „*dem* Gott" spricht.

Schon dieser Zug weist darauf hin, daß bei der Auslegung gerade der ›Freiheitsschrift‹ besonders genau auf den Unterschied zwischen Theologie und Philosophie zu achten ist, wie es bereits durch die Gegenüberstellung der Auslegungen von *Theunissen* und *Heidegger* nahegelegt ist. Die damit bezeichnete Divergenz kommt allerdings erst verhältnismäßig spät voll zur Geltung, und hier (S. 174 f.) sagt *Heidegger* ganz deutlich, wie er die Situation zwischen Theologie und Philosophie historisch, im Blick insbesondere auf Schelling, sieht; er beweist mit diesen Äußerungen aber zugleich, daß ihm eine Klärung dieser Frage als notwendig erscheint.

Es geht hier um Schellings Gebrauch der Begriffe „Sünde" und „das Böse". Dazu *Heidegger*: „'Sünde' läßt sich nur theologisch innerhalb der christlichen dogmatischen Theologie bestimmen, . . . hat nur Sinn und Wahrheit im Bereich des christlichen Glaubens und seiner Gnade." „Das Böse" dagegen ist ein metaphysischer Begriff, und wenn Schelling beide Begriffe gleichsetzt, so ist das sowohl „eine Verweltlichung des theologischen Begriffes der Sünde" wie „eine Verchristlichung des metaphysischen Begriffes des Bösen" (S. 174).

Ohne daß mit dem Gesagten *Heideggers* Auslegung auch nur einigermaßen ausgeschöpft wäre, läßt sich daraus jedenfalls soviel ersehen: Es ist ein entscheidender Gewinn, daß *Heidegger* Schellings Aussagen völlig abgesehen von theologischen Implikationen nachvollzieht, denn so verlieren Schellings Argumente jene Widersprüchlichkeit, die Theunissen aufgezeigt hat. Die von Theunissen zu Anfang seiner Argumentation aufgewiesenen Ansätze zur Interpretation werden damit kenntlich als unzulängliche Vereinfachungen in dem Sinn, daß sie Schellings Aussagen nicht auszuschöpfen vermögen.

b) Die Streitschrift gegen Jacobi

Wilhelm Weischedel (1), 1969 gibt in seiner kleinen Schrift eine hervorragende Information über die Hintergründe dieser Streitschrift und eine aufschlußreiche vergleichende Darstellung der beiden Kontrahenten. Grundthema auch dieses dritten Streits um die göttlichen Dinge — nach dem „Atheismusstreit" von 1780, in dem es um den Spinozismus Lessings ging, und nach dem bekannteren und auch wirklich so genannten Streit um Fichte — ist die „Antithese von Theismus auf der einen, Pantheismus oder Atheismus auf der andern Seite". Grundsätzlich betrachtet ist es die Frage, „nach der Möglichkeit einer genuinen Philosophischen Theologie" (S. 6) — übrigens gleichzeitig das Thema von *Weischedels* Hauptwerk (2), 1970.[13]

Die genauere Schilderung der Auseinandersetzung wird durch eine Analyse jeweils von Jacobi und Schelling — ihrer Persönlichkeit sowie der Voraussetzungen, von denen aus beide in Konflikt gerieten — vorbereitet. Anlaß war zunächst Schellings berühmte Akademierede ›Über das Verhältnis der bildenden Künste zu der Natur‹ (1807) mit ihrer Vergötterung der Natur und dem Versuch einer Vermittlung zwischen Platonismus und Spinozismus, der nach Jacobis Verständnis einen Verrat an der wesentlichen Wahrheit des Theismus bedeutete. So entsteht die 1811 erscheinende Streitschrift Jacobis ›Von den göttlichen Dingen und ihrer Offenbarung‹ die, auch in unserem Verhältnis zu Christus, nichts anderes ist als „ein Aufgehen im inneren Gefühl". Ohne ihn zu nennen, greift Jacobi in diesem Sinn auch Schelling an, indem er des weiteren „gegen den umgekehrten oder verklärten Spinozismus" polemisiert, dem die Natur als das Hervorbringende gelte — eine im Grunde nihilistische Betrachtungsweise, deren Voraussetzung zugleich atheistisch sei. Wahre Philosophie dagegen entscheidet sich für einen persönlichen Gott und zugleich für die Freiheit des Menschen und weiß damit auch erst zu unterscheiden zwischen Gut und Böse.

[13] Vgl. oben S. 42 f.

Schelling mußte diesen Angriff auf sich beziehen und bereitete sogleich seinen Gegenangriff vor. *Weischedel* erinnert hier daran, wieweit Schelling damals bereits über die scheinbare Naivität seiner Identitätsphilosophie hinausgekommen war, wie er aber auch das Irrationale der Weltbegebenheiten von Gott her zu begreifen suchte, indem er dessen Begriff durch die Unterscheidung von Grund und Existenz neu zu denken versuchte. Besonders die Nichtbeachtung dieses Wandels war eine Leichtfertigkeit, für die er Jacobi nun schwer büßen ließ.

Sachlich wendet sich Schelling insbesondere gegen die grundsätzliche Position Jacobis, wonach „jeder neue wissenschaftliche Anlauf immer wieder auf Atheismus hinauslaufe" und alle Philosophie notwendig atheistisch sei (S. 55). Ihren Gehalt bezieht Schellings Antwort aus der Entfaltung seiner Philosophischen Theologie (8, 55 ff.; bei *Weischedel* S. 59 ff.).

Abschließend verfolgt *Weischedel* die „Nachgeschichte des Streites" (S. 68 ff.) und bezieht sich dabei auch auf Schellings eigene spätere Darstellung (10, 168 ff.). Die Zeitgenossen schließen sich meist Jacobi an; interessant ist demgegenüber das Votum des Freiburger Mediziners Schaffroth, der selbst eine Gegenschrift gegen Jacobi veröffentlicht, und die Stellungnahme von Henrik Steffens (S. 71 ff.).

Im letzten Kapitel erinnert *Weischedel* an Hegels differenzierte Beurteilung der beiden Antipoden in seiner Jacobi-Rezension von 1817; Goethes Verhältnis zu Jacobi, durch aufschlußreiche Zitate beleuchtet, endete aus Anlaß von Jacobis Streitschrift mit der endgültigen Lossagung Goethes, der freilich auch Schelling gegenüber seine Vorbehalte hatte.

Letztlich ergibt sich, *Weischedel* zufolge, aus der Betrachtung des großen Streites seine Unentscheidbarkeit: Jede der beiden Positionen stützt sich auf eine je verschiedene Grunderfahrung: auf den Glauben bzw. auf die metaphysische Erfahrung, und „die Frage, auf welcher Seite die wahre Wahrheit ist, bleibt offen. Die Antwort steht auch heute noch aus" (S. 90).

c) Die ›Weltalter‹

Die ›Weltalter‹ sind bisher weder in ihrem ursprünglich allein bekannten Text noch in den verschiedenen Urfassungen, die *Manfred Schröter* veröffentlicht hat, so zum Gegenstand einer philosophischen Interpretation gemacht worden, daß ihr Sinn wirklich erschlossen und das noch im Scheitern große Unternehmen Schellings wirklich verständlich geworden wäre.

Wolfgang Wieland (1), 1956 hat mit seiner Schrift, die allerdings selbst partienweise eines Kommentars bedürfte, einen ersten wesentlichen Schritt getan, um diese Aufgabe zu erfüllen. Angeregt durch *Heideggers* Zeitlehre, sieht er die wesentliche Bedeutung der ›Weltalter‹ in der Artikulation der ursprünglichen menschlichen Erfahrung von der Zeitlichkeit. Aber nicht die Zeit selbst, sondern der Mensch im Hinblick auf sein Verhältnis zur Zeit war Gegenstand von Schellings Bemerkungen und muß demgemäß Gegenstand der Interpretation der ›Weltalter‹ sein, wobei umgekehrt das so Erfaßbare Schlüssel sein kann zu Schellings damaligem „System" (S. 8). So sucht *Wieland* die „gelebten Zeitstrukturen" interpretierend herauszuheben, welche den Beschreibungen — denn Beschreibung oder noch besser: Erzählung ist ja das Ausdrucksmedium, auf das sich die ›Weltalter‹ radikal beschränken möchten — zugrunde liegen (vgl. S. 77, 82).

Dabei ist nicht zu übersehen, sondern vielmehr sorgfältig zu beachten, daß die traditionelle Ontologie bei diesen Bemühungen Schellings immer wieder dazwischen gekommen, daß er immer aufs neue in traditionelle Interpretationsschemata zurückgefallen ist. Wenn er etwa Gott die Urbilder der Dinge vor der Schöpfung erschauen läßt, so gewinnt hier wiederum die — unzeitliche — Wesenheit der Dinge einen Vorrang vor ihrer — zeitlichen — Existenz. Im ursprünglichen Ansatz der ›Weltalter‹-Philosophie dagegen gehört die Zeitlichkeit in die ontologische Grundstruktur selbst hinein, und damit erhält auch die faktische Existenz den ihr gebührenden Ort in der Ontologie (S. 68, Anm. 2). Später nun ist Schelling überhaupt davor zurückgeschreckt, „das Sein des Menschen aus der Zeitlichkeit und Freiheit — als radikale Geschichtlichkeit — zu Ende zu denken“ (S. 71), und so lebt Schellings ganzes späteres System im Grunde von dem Verzicht, diesen bedeutendsten, weil ursprünglichsten Ansatz, zu dem Schelling jemals vorgestoßen war, weiterzuverfolgen (S. 93) — womit zugleich eine bündige Antwort auf die Frage erteilt wäre, was es bedeuten soll, wenn gesagt wird, Schellings ›Weltalter‹-Philosophie sei „gescheitert“.

3. *Schellings Spätphilosophie*

1. Mehr und mehr hat sich die Schelling-Diskussion in den letzten Jahrzehnten auf die sog. Spätphilosophie konzentriert.[14] Die genauere zeitliche Abgrenzung dieser Epoche ist allerdings umstritten. Im allgemeinen betrachtet man die mit der ›Freiheitsschrift‹ von 1809 einsetzende Periode als eine Epoche des Übergangs, der dann mit der Philosophie der Mythologie und der Offenbarung die eigentliche Spätphilosophie folgt.

Die Besonderheit dieses großen Zeitraums von 45 Jahren bis zum Tode des Philosophen tritt schon literarisch hervor: Während bisher, von 1794 ab, beinahe kein Jahr ohne eine neue Veröffentlichung vorüberging, hat Schelling bekanntlich — wenn man von der Streitschrift gegen Jacobi (1812) absieht — nach 1809 kein abgeschlossenes philosophisches Werk mehr veröffentlicht. Der erste Teil der ›Weltalter‹ wurde zwar 1813 in Druck gegeben, aber vom Autor vor Erscheinen wieder zurückgezogen. Wegen bestimmter Gemeinsamkeiten pflegt man dieses Werk zusammen mit der ›Freiheitsschrift‹ jener Übergangsepoche zuzuordnen, während die eigentliche Spätphilosophie im wesentlichen die Vorlesungen in München und Berlin umfaßt, die insgesamt erst aus dem Nachlaß veröffentlicht wurden.

Schellings Altersphilosophie hat schon zu seinen Lebzeiten

[14] Die von mir vorgeschlagene Bezeichnung „Altersphilosophie“ (vgl. meine Schelling-Monographie 1954, S. 318) hat sich leider nicht durchgesetzt.

kaum Resonanz gefunden. Es waren immer nur wenige Außenseiter, die jenen Vorlesungen ein länger anhaltendes Interesse entgegenbrachten. Kennzeichnend dafür ist das Echo, das Schellings Auftreten in Berlin erweckte.[15] Seine Vorlesungen endeten bekanntlich mit einem Eklat, als der mit Schelling schon lange verfeindete E. G. Paulus aufgrund bestellter Nachschriften den vorgetragenen Text publizierte und damit Schelling der Lächerlichkeit preisgab. Die Schellingforschung hat sich bis vor wenigen Jahrzehnten fast durchwegs das damalige Urteil zu eigen gemacht, und selbst *Horst Fuhrmans,* der mit als erster diese Texte nach langen Jahren der Vergessenheit wieder einer eingehenderen Beschäftigung gewürdigt hat, scheut nicht davor zurück, gewisse Partien dieses Alterswerks mit negativen Prädikaten zu belegen — wobei seine Vorliebe und Abneigung allerdings nicht immer eindeutig festgelegt erscheinen.

Unter den Schellingforschern der ersten Jahrhunderthälfte hat vor allem *Manfred Schröter* die Zusammengehörigkeit von Schellings Jugend- und Altersphilosophie betont, aber nur in einem kurzen, noch heute bewegenden Essay seine Anschauungen darüber in Worte gefaßt [(6), 1971, S. 82—88]. Es war ihm später als einzigem vergönnt, die ungeheure Manuskriptenmasse der ›Weltalter‹-Entwürfe zu durchmustern, welche den Münchener Nachlaß bildeten, der ein Jahr später, im Juli 1944, durch einen Luftangriff vernichtet wurde, und einzig seine damals genommenen Abschriften haben uns den kostbaren Text nach den bereits gesetzten Fahnen samt Schellings Korrekturen erhalten [vgl. *Schröter* (3), 1946 und (6), 1971, S. 89—102].

Schröter war mit der Thematik der Spätphilosophie durch eine besondere Affinität verbunden, er sah den Schwerpunkt in der Religion und insbesondere im Mythos. Der erste, der nach ihm die Fremdheit gegenüber Schellings Altersphilosophie überwunden und den Weg zu ihrer genaueren Erforschung gebahnt

[15] Vgl. Harald Pölcher, Schellings Auftreten in Berlin (1841) nach Hörerberichten. In: Zeitschr. f. Religions- u. Geistesgesch. 6, 1954, S. 193—215; ferner neuerdings: Karl Kupisch (1), 1967, s. oben S. 17.

hat, war *Heinz Heimsoeth.* In seiner ›Metaphysik der Neuzeit‹ (1929) hat er auf wenigen Seiten die Gesamtkonzeption dieser Philosophie in gedrängter, aber alles Wesentliche erfassender Weise dargestellt, und zwar zunächst „Freiheitsphilosophie und Metaphysik der Persönlichkeit", später, im Zusammenhang mit dem „Spekulativen Theismus", die eigentliche Altersphilosophie unter dem Doppelaspekt von Philosophie der Mythologie und Offenbarung und andererseits von negativer und positiver Philosophie. Im gleichen Jahr hat *Hinrich Knittermeyer* in seiner Darstellung ›Schelling und die romantische Schule‹ diese Philosophie ausführlich gewürdigt.

Unabhängig von diesen Bestrebungen entstand *Gerbrand Dekker,* ›Die Rückwendung zum Mythos‹ (1930). Hier wird Schellings Philosophie der Mythologie mit der modernen Mythosforschung in Zusammenhang gebracht und dadurch aktualisiert.

2. Aber erst *Horst Fuhrmans,* Schüler von *Heimsoeth,* hat dann in zwei vielbeachteten Arbeiten der positiven Würdigung der Spätphilosophie voll zum Durchbruch verholfen. Beide Werke ergänzen sich, sie divergieren aber auch in wesentlichen Punkten. Während *Fuhrmans* (1) nämlich 1940 in ›Schellings letzte Philosophie‹ den Wendepunkt in einem radikalen Bruch mit dem Idealismus erblickt, der sich etwa 1827 ereignete, meint er in ›Schellings Philosophie der Weltalter‹ (3), 1954 den entscheidenden neuen Ansatz schon in den Schriften Schellings seit 1801 nachweisen zu können. Voraussetzung dafür ist — wie noch zu zeigen sein wird — nicht nur die Verschiedenheit der Kriterien, nach welchen *Fuhrmans* die Zäsur in Schellings Philosophie beurteilt, sondern auch eine verschiedene Bewertung der einzelnen Faktoren, welche diese Philosophie in ihren dafür wesentlichen Epochen bestimmen.

Die Diskussion um die Frage, welche von diesen beiden Interpretationen die größere Überzeugungskraft besitze, wurde 1955 zusätzlich bereichert durch das Werk von *Walter Schulz* (1), ›Die Vollendung des Deutschen Idealismus in der Spätphilosophie Schellings‹, dessen Titel bereits verrät, daß hier Schellings Spätwerk in einer völlig anderen Perspektive gesehen wird — so nämlich, daß nicht sosehr die inhaltliche Thematik das ausschlaggebende Moment ist als vielmehr der neue Ansatz des Philosophierens überhaupt, mit dem Schelling nicht nur seine eigene Philosophie, sondern nach der These des Verfassers das philosophische Denken der deutschen idealistischen Philosophie insgesamt zur Vollendung gebracht hat.

Diese voneinander grundsätzlich divergierenden Konzeptionen haben eine lebhafte Auseinandersetzung in Gang gebracht, die einen vorläufigen, in gewisser Weise vermittelnden Abschluß in dem großen Werk von *Xavier Tilliette* (1), 1970 findet. Ehe wir uns jedoch dieser Kontroverse zuwenden, geben wir zur besseren Orientierung einen kurzen Vorbegriff von den Gegenständen, um die es sich dabei in erster Linie handelt.

Hauptgegenstand von Schellings Denken ist nunmehr die Religion, inhaltlich, in den beiden nach seiner Überzeugung und der seines Zeitalters wesentlichen Erscheinungsformen, eingehend behandelt als Philosophie der Mythologie und Philosophie der Offenbarung. Im Zentrum der daran anknüpfenden systematischen Reflexion steht der Gottesbegriff, genauer die Frage, wie Gott auf angemessene Weise zu denken sei. Dies führt zu prinzipiellen Überlegungen über Möglichkeit und Methoden der Philosophie im allgemeinen; dabei kommt Schelling zur Unterscheidung von negativer und positiver Philosophie. Wie wir jedoch sehen werden, unterscheidet schon die Bestimmung des Verhältnisses, in dem diese Themen zueinander stehen, in gewisser Weise über den Charakter der jeweiligen Interpretation.

3. Um die Probleme zu zeigen, die bei dieser Auseinandersetzung und allgemein bei der Aneignung von Schellings Spätphilosophie auftreten, müssen wir nun den ersten Schlagabtausch der beiden Kontrahenten etwas eingehender darstellen.

Ebenso wie *Heimsoeth* nimmt auch *Fuhrmans* den späteren Schelling für den sog. Spätidealismus in Anspruch, von dessen weiteren Vertretern beide jedoch nur Christian H. Weisse und I. H. Fichte behandeln. *Fuhrmans* konzentriert sich in seinem ersten Werk auf die Gegenüberstellung von negativer und positiver Philosophie. Für ihn ist die Spätphilosophie bestimmt durch die „Wende zu einem christlich orientierten Denken"; „das philosophisch Bedeutsame" ist nach ihm: „In dieser ganzen Wende vollzieht sich gleichzeitig ein faktischer *Bruch* mit dem Idealismus, und zwar ein notwendiger Bruch." Schon 1804 hat Schelling zum erstenmal von einem „Abfall" gesprochen, damals noch, um die Möglichkeit endlichen Einzelseins metaphysisch zu erklären. Nunmehr will Schelling „die Wirklichkeit des Bösen anerkennen ..., *ohne* aber einen Urdualismus anzuerkennen". Geschichte kann darum nicht mehr, wie im Idealismus, als kontinuierlicher Aufstieg aufgefaßt werden, es gibt einen Bruch zwischen der vollkommenen Welt der Schöpfung und der abgefallenen Welt, ebenso wie zwischen dieser und der Welt der Erlösung (S. 45 f.). Das bedeutet zugleich: Schellings bisherige Philosophie, gipfelnd im Identitätssystem, wird ihm nun zur „bloß logischen" Wesenswissenschaft oder auch Vernunftwissenschaft, sie bleibt „apriorische Entwicklung Gottes" (S. 108 f.), aber damit ist kein realer Prozeß gemeint, sondern die Lehre von den „notwendigen Stufen unseres Denkens auf dem Weg zum Begriff Gottes" einschließlich der aus der Identitätsphilosophie übernommenen, aber modifizierten Potenzenlehre (S. 115). Diese „rein rationale Philosophie" ist das „Erbe des Idealismus" (S. 119 ff.). Aber „für Schelling ist klar: Existenz ist kein Denknotwendiges", ja: „das Denken gelangt aus sich nie in die Ebene der Existenz" (S. 137, 139), und darum muß „neben der Wissenschaft von den Wesenheiten der Dinge eine Wissenschaft der Existenz stehen" (S. 149), eine Wirklichkeitsphilosophie — die positive Philosophie. Die Gegebenheit Gottes als eines Existierenden entspringt also „gleichsam aus einer ‚Krisis der Vernunftwissenschaft'" (S. 156; 11, 565). Die Grundunterschiede von negativer und positiver Philosophie sind aber nicht die von Wesen und Existenz, sondern von Notwendigkeit und Nicht-Notwendigkeit, negative Philosophie vermag nur zu ergreifen, was logisch gefordert und notwendig ist (sie ist nach *Fuhrmans* mit „Idealismus" gleichzusetzen); das Nicht-Notwendige ist nicht nur das Zufällige, sondern „alles Geschehen aus Freiheit", und diese „zweite Grenze aller apriorischen Philosophie" interessiert „Schelling im Grunde allein primär". Den Kern der idealistischen Philosophie sieht *Fuhrmans* aber in der Dialektik, und so ist der Kampf Schellings zugleich eine Auseinandersetzung um Recht und Grenzen der dialektischen Methode: Es gibt für sie ein Faktum, „bei dem sie *nicht weiterzukommen vermag* in ihrem dialektischen Schritt: das Faktum der Freiheit" (S. 174 f.). Darum ist die wahre Grenze der Philosophie die Freiheit und Souveränität Gottes selbst: „Gott ist die Wende zweier Philosophien, weil er die Wende ist von Notwendigkeit und Freiheit", und Schellings Fragen nach den Grundproblemen der Wirklichkeit ist darum „letzthin die dauernd sich verschärfende Frage nach dem handelnden Gott" (S. 194, 198 f.). Daraus wird verständlich, warum nun die Reflexion auf das Gottesverhältnis jeden Schritt in die positive Philosophie begleitet: so ergibt sich etwa jene Krisis der Vernunftwissenschaft „aus dem Fall der Welt und ihrer Veränderung zum Schlechten" (S. 214 f.), so ist das Christentum nicht nur Einkleidung von Vernunftwahrheiten, sondern wesentlich „göttliche Geschichte". Aus dieser Perspektive gesehen meint „positive Philosophie" nach *Fuhrmans* „eine Philosophie, die *positiv* zum Leben steht, d. h. die die Probleme der Wirklichkeit in ihrer Tiefe, Rätselhaftigkeit und Verschlungenheit zu lösen vermag", letzthin eine christliche Philosophie, „die die Inhalte des Christentums nicht im Glauben stehen läßt, sondern aus ihrer Systematisierung die große positive Philosophie der Wirklichkeit baut, . . . darin Fall und Erlösung die ausgezeichneten Fakten sind". Jedoch sind „die Tatsachen der Offenbarung" keineswegs ihre einzigen Inhalte, es gehört dazu vielmehr „alles, was eine echte Wirklichkeit darstellt": die Wirklichkeit der Mythologie, des Staates, der „Profangeschichte", der Kunst usw. (S. 244 f., 247). Dies alles zeigt: auch Schellings Daseinsauffassung ist „unidealistischer geworden. Die konkrete Welt ist ihm eine zerstörte, fragwürdige im ursprünglichen Sinne", und die Philosophie sollte Antwort geben auf die Problematik der Wirklichkeit, statt sie, wie der Idealismus, „durch vorentworfene Strukturen erfassen zu wollen"; denn „Wirklichkeit ist ein System der Freiheit" (S. 253, 255). Zusammengefaßt: Die negative Philosophie sucht „durch eine umfassende dialektische Entwicklung den Begriff des göttlichen Seins" und damit des Absoluten zu gewinnen. Hier aber hat sie der Philosophie der Erfahrung Platz zu machen, d. h. der undialektisch vorgehenden positiven Philosophie, „die Gott als Anfang hat" (S. 278 ff.).

4. Erst anderthalb Jahrzehnte später hat *Walter Schulz* (1), 1955 eine in entscheidenden Punkten von der Auffassung *Fuhrmans'* abweichende Interpretation von Schellings Spätphilosophie vorgelegt und damit die Diskussion darüber erst eigentlich in Gang gesetzt. Schon der Titel seines Buches ›Die Vollendung des Deutschen Idealismus in der Spätphilosophie Schellings‹ bezeichnet klar die Gegenposition: nicht Überwindung, sondern Vollendung des Idealismus ist der Sinn dieser Philosophie. Schon in der Einleitung und weiterhin an bestimmten Punkten seiner Darstellung setzt sich Schulz mit *Fuhrmans* ausdrücklich auseinander. So verweist er auf eine Schwierigkeit bei der Behauptung der auch von *Fuhrmans* vertretenen These, Schellings Spätphilosophie sei eine Lehre von der Freiheit: „Wie man auch des näheren die Idee der Freiheit bestimmen mag, der Charakter eines grundlosen Anfangenkönnens" — der doch bei der Bestimmung der schöpferischen Freiheit Gottes das Hauptmoment bildet — „kommt nicht recht heraus", denn die Potenzen, „die sich aufgrund ihrer immanenten Bestimmung bewegen müssen, sind faktisch und eigentlich doch die wirklichen und konkreten Ursachen". Man habe freilich erklärt, die Potenzenlehre, die doch in der Spätphilosophie noch viel eingehender entfaltet wird als früher, sei den eigentlichen Intentionen des späten Schelling fremd, und in diesem Sinn habe *Fuhrmans* „sie in der Auslegung sogar unter den Tisch fallen" lassen. In der Tat habe aber der alte Schelling gerade auf die Potenzenlehre viel Nachdenken verwendet (S. 14 f.).

Gegen die Unzulänglichkeit des Freiheitsbegriffs, den *Fuhrmans* im Anschluß an Kant auch bei Schelling gegeben sieht — absolute Spontaneität, eine Reihe von Erscheinungen von selbst anzufangen — wendet Schulz ein: „Dieser formalisierte Kantische Freiheitsbegriff reicht aber *bei weitem* nicht an das idealistische Problem der Freiheit als das Problem der absoluten Subjektivität heran, das . . . einzig und allein das Schema darstellt, in dem sich Schellings Frage nach der Freiheit bewegt" — wir können ergänzen: auch in der Spätphase seiner Philosophie (S. 142 Anm.). Besonders wichtig aber ist die Gegenthese von *Schulz* zu der — hier nicht ausführlich referierten — Behauptung *Fuhrmans'* von mannigfachen Peripetien Schellings während der Entwicklung seiner letzten Philosophie: „Schellings philosophischer Weg ist aber viel geradliniger", er habe sich nie aus dem Idealismus entfernt, sofern nämlich Idealismus „die methodische Frage als solche" ist; das lasse sich sogar an dem „Empirismus" nachweisen, dem Schelling angeblich vorübergehend gehuldigt habe: Schelling behaupte lediglich, „daß jeder Einzelne und auch die geschichtliche Entwicklung bei der Erfahrung ansetze, daß aber das *Wesen* des Erfahrbaren nicht aus der Erfahrung, sondern aus der Vernunft stamme". Dieser Schellingsche Empirismus habe Affinität zur Vernunftwissenschaft, also zur negativen Philosophie, während die positive Philosophie es ganz mit dem Überempirischen zu tun habe (S. 135). Eine solche Argumentation belegt gut die — freilich eher kritisch gemeinte — Feststellung von *Tilliette* (2), 1958, S. 424, bei *Schulz* erscheine Schelling nunmehr als strenger Denker. In der Tat wird hier an der inneren Kontinuität seines Denkens festgehalten, während die möglichen Beeinflussungen durch das Denken anderer eine untergeordnete Rolle spielen.

Schulz faßt die kurze Darstellung seines Buches wie folgt zusammen: Schellings Spätphilosophie ist „eine kritische Reflexion der Vernunft auf sich selbst" (S. 247)[16] — und zwar, wie wir sogleich hinzufügen wollen, mit einer bisher nicht gekannten Radikalität. Damit ist zugleich die Frage beantwortet,

[16] Dieses und die folgenden Zitate nach dem Referat von Walter Schulz [(1 a), 1954], das die Darlegungen seines Buches vorzüglich zusammenfaßt.

PÄDAGOGISCHE HOCHSCHULE WESTFALEN-LIPPE
Fachbereich I
Philosophie
ABTEILUNG MÜNSTER

mit der *Schulz* einsetzt: Gehört der spätere Schelling überhaupt noch zum Deutschen Idealismus? Bereits *Johann Eduard Erdmann* nimmt ihn, wie nach ihm *Eduard von Hartmann*, mit Schopenhauer zusammen, später ordnet man ihn den Spätidealisten zu. *Schulz* dagegen unternimmt es, ihn „in den Raum des Deutschen Idealismus zurückzuholen". Dies setzt jedoch eine Revision des geläufigen Idealismus-Begriffs voraus. Ihr Ergebnis ist, „daß nicht in Hegels System, sondern in Fichtes und vor allem in Schellings Spätphilosophie das eigentliche Grundmotiv des idealistischen Denkens sich ausdeutet" (S. 241). Das wesentliche Ergebnis jener Vernunftreflexion führt bei Schelling zu der Unterscheidung von negativer und positiver Philosophie, ihr Ausgangspunkt ist aber nicht etwa die Erfahrung, sondern „eine unbedingte Vernunft", und auch die Unterscheidung von Vernunft und Erfahrung bzw. von „Was" und Daß" entspringt der „rein idealistischen Reflexion auf das Erkennen". Gleichwohl ergibt sich erst aus der Frage nach Gott als dem letzten, alles abschließenden Begriff der Vernunft die Nötigung zu jener Zweiteilung: In der äußeren Erfahrung kommt dieser Begriff nicht vor, und es ist daher nur konsequent, wenn Schelling den kosmologischen und den teleologischen Gottesbeweis ablehnt; er begegnet aber auch nicht in der inneren Erfahrung, erfahrbar ist vielmehr — wiederum ganz idealistisch — auch für den späten Schelling „immer nur dinglich vorhandenes konkretes Seiendes" (S. 243 f.). Gott ist demgegenüber „das Wesend-Urständliche im Gegensatz zum Gegenständlichen, die potentia existendi im Gegensatz zum Existenten". Nun vermag die Vernunft zwar „in dem immanenten Fortschritt ihrer Konstruktion der Wesensgehalte den Begriff dieses Gottes" abzuleiten; da sie Gott jedoch in der Wirklichkeit nicht vorfindet wie Pflanzen und Tiere oder Menschen, ist sie in dieser Frage auf sich selbst verwiesen. Und hier setzt nun die entscheidende Überlegung ein: Die Vernunft kann zwar Gott am Ende des ganzen Denkprozesses begrifflich erfassen als das Tätige, das in allen vorausgehenden Stufen der Entwicklung schon da war und sie bestimmte; Gott muß aber „zugleich und eigentlich der Anfangende dieses ganzen Prozeses sein". Diese Forderung ist jedoch, wie Schulz ausdrücklich erklärt, „nicht aus irgendwelchen weltanschaulichen Interessen erwachsen ..., sondern aus der Bestimmung Gottes als solcher" (S. 244 f.).

Bei dem Versuch, dies zu denken, macht nun die Vernunft die Erfahrung, daß das Wesend-Urständliche ihr unversehens „ins Gegenständliche umschlägt"; die reine Tätigkeit erscheint nie für sich, sondern, genauer gesagt, immer nur in der Form einer bestimmten Tätigkeit: „als Anorganisches, als Organisches, darauf als Mensch und schließlich als ‚Gott am Ende'." Zugleich stellt sich heraus, daß diese Verkehrung, diese Perversion das eigentliche Wesen des Denkens ist: Denken ist, gerade „idealistisch bestimmt, Vergegenständlichen und Feststellen", und darum kann es das grundsätzlich Ungegenständliche, das Unbedingte nicht denken. Die Vernunft muß also „die reine Tätigkeit als unerkennbar aus sich heraussetzen und das heißt: die Vernunft muß sich *negieren*". Das bedeutet aber: Negative Philosophie ist ein Geschehen, ist selbst Negation der Vernunft, und dementsprechend sind auch negative und positive Philosophie nicht etwa nur regionale Bestimmungen innerhalb der Philosophie, sondern Methoden, mit Schelling: modi progrediendi. Negative Philosophie ist Philosophie im Modus der Selbstnegation: Sie muß Gott als das Absolute, genauer als die reine Tätigkeit — wie schon gesagt — als unerkennbar" aus sich heraussetzen". Diesen Akt bezeichnet Schelling als Ektase (S. 245 f.).

So geschieht hier die Scheidung von Immanenz und Transzendenz, und Transzendenz hat für Schelling immer den Sinn von Nichtwißbarkeit. Aber bei dieser Scheidung bleibt es nicht, hier setzt vielmehr die positive Philosophie ein. Schelling geht noch einen Schritt weiter, indem er daran erinnert, daß das Seiende in seiner vernünftigen Ordnung ja immer schon da ist. Es ist als solches zwar Konstruktion der Vernunft, aber diese Konstruktion wird von der Erfahrung bestätigt. Angesichts dieses Sachverhalts muß die Vernunft voraussetzen, daß der transzendente Gott sich in diesem vernünftigen Seienden immer schon existent gemacht hat. Das Wesentliche daran ist aber vor allem: „Das Wie und Warum dieser Tat ist unvordenklich. Aber gerade dies, daß Gott sich frei als vernünftiges Sein unvordenklich gesetzt hat, ist das eigentliche Wesen Gottes.“ In Schellings Worten: Gott ist nicht, wie viele sich vorstellen, das Transzendente, er ist das immanent (d. h. zum Inhalt der Vernunft) gemachte Transzendente (13, 170). Was *Schulz* interpretiert: „Gott kann sich zur Welt machen, weil er, der Tätigende, dem Getätigten transzendent bleibt.“ Immanentwerdung Gottes ist nur möglich, wenn die Transzendenz als ihre Quelle erhalten bleibt. Damit aber hat sich das Unvordenkliche gerade als der wahre Anfang des Denkens erwiesen, als der Grund, von dem aus es selbst Stand gewinnt, als der vergegenständlichende, d. h. der erinnernde Nachvollzug dieses unvordenklichen Geschehens (S. 246).

Am Ende dieses Weges zeigt sich also, und hier zitiert *Schulz* Schellings eigene Worte: „daß die negative Philosophie die positive setzen muß, aber *indem* sie diese setzt, macht sie sich ja selbst nur zum Bewußtsein derselben, und ist *insofern* nichts mehr *außer* dieser, sondern selbst zu dieser gehörig, also ist doch nur Eine Philosophie“ (13, 152; S. 247).

Bei der Entfaltung der positiven Philosophie zeigt *Schulz* zunächst die „Dialektik von Immanentwerden und Transzendentbleiben“ auf — also jene denkerische Schwierigkeit, die im Schöpfungsbegriff immer mitgedacht wird; hier hat die Potenzenlehre ihren Ort, die nach außen drängende und die zum Insichbleiben tendierende Kraft und die diese Einheit als Gleichgewicht der beiden anderen garantierende Kraft. Gott ist freier Schöpfer nur, wenn er über sich als *Einheit* dieser Kräfte noch einmal verfügen kann, also dieses Gleichgewicht aufzuheben vermag, ohne daß er selbst als Gott davon betroffen wird — als er selbst ist er ja keine von diesen Potenzen, sondern „als reine Tätigkeit das verbindende Band, das Medium, das Mittelnde in der Selbstvermittlung der drei Bestimmungen“ (S. 248). Wir übergehen die einzelnen Stufen der letzten großen Geschichtskonstruktion, die sich hier anschließt; wichtig ist insbesondere die Konstruktion der Zeit als ihr Entstehen aus der absoluten Ewigkeit Gottes.

Schulz faßt seine Darstellung in der These zusammen: „Schellings Spätphilosophie ist der Bewegungsvollzug der sich transzendierenden Vernunft"; die negative Philosophie ist Setzung der absoluten Tätigkeit (Gottes) als undenkbare reine Transzendenz, aber es bleibt die Einsicht, daß Gott sich immer schon zur Welt gesetzt hat, und „dies Geschehen rekonstruiert nun die Vernunft transzendental in der positiven Philosophie durch die Explikation von Schöpfung und Religionsgeschichte". Es geht also im Ganzen dieser Bewegung immer um die Vernunft, der Sinn dieser Bewegung ist, daß die Vernunft sich selbst als endliche setzt, und zwar indem sie erkennt, daß die reine, absolute Tätigkeit Gottes sich von sich aus schon immer in die Vernunft gesetzt hat. Die Vernunft erkennt sich so als die Macht der Weltkonstruktion, aber sie weiß, daß die reine Selbstvermittlung Gottes ihr unergründlicher Grund ist. Schelling bleibt damit jedoch im Kontext der idealistischen Philosophie: diese Selbstbegrenzung der unbedingten Vernunft ist das eigentlich Idealistische an Schellings Spätphilosophie (S. 250).

Als Zusatz bemerkenswert scheint die Antwort von *Walter Schulz* auf eine Frage in der Diskussion seines Vortrages: Schelling hat auch im Zusammenhang seiner positiven Philosophie niemals einen naturwissenschaftlichen oder psychologischen Empirismus anerkannt; nicht von Tatsachen sei diese Philosophie ausgegangen, sondern von der einen oder eigentlichen Tatsache, die Schelling in seiner Naturphilosophie als die Durchsetzung des Subjektiv-Geistigen im Objektiv-Naturhaften ermittelt habe und die er am Schluß seiner ›Darstellung des philosophischen Empirismus‹ philosophisch erklärt habe durch die Einführung Gottes als des Inbegriffs der Potenzen, die die bewegenden Ursachen jenes Prozesses der Subjektivierung seien (256 f.). Mit besonderer Deutlichkeit tritt hier die Einheit des Schellingschen Philosophierens heraus, die Schulz immer behauptet.

5. Ehe wir die Konfrontation von *Fuhrmans* und *Schulz* genauer diskutieren, müssen wir das zweite Werk von *Fuhrmans*

zu Schellings Spätphilosophie in die Betrachtung einbeziehen, seine Interpretation von ›Schellings Philosophie der Weltalter‹ (1954), das *Schulz* übrigens nicht mehr berücksichtigen konnte. Während er in ›Schellings letzte Philosophie‹, wie gezeigt, sich vorwiegend mit der in München und Berlin entwickelten Altersphilosophie Schellings beschäftigte, konzentriert sich *Fuhrmans* in dem neuen Werk, wie schon der Titel sagt, auf die ›Weltalter‹ oder genauer auf ›Schellings Philosophie der mittleren Zeit (von 1806—1827)‹ [(3), 1954, S. 162]. Diese Verlagerung des Interesses hat nur scheinbar eine Veränderung der grundlegenden Fragestellung zur Folge. Maßgeblich bleibt vielmehr im wesentlichen dieselbe Problematik, aber *Fuhrmans* glaubt nunmehr nachweisen zu können, daß Schelling jeden Pantheismus schon vor 1804 aufgegeben hat, daß das Freiheitsproblem schon 1801 gegenwärtig war und das Theistische und andere Momente, die sein späteres Denken zu charakterisieren schienen, schon in dieser Übergangsphase zu erkennen sind. Schellings Besonderheit ist nach *Fuhrmans'* Ansicht nunmehr ein „Immanenztheismus": Gott als die Sinnmitte der Welt, aber darum doch „Sein in sich selbst ... Person, Sein das sich erkennen will" (S. 63). Die Münchener Spätromantik, besonders Franz von Baader, aber auch die Theosophie, haben in Schelling seine ursprüngliche Christlichkeit wiedererweckt, er übernahm „die christlichen Grundfakten von Fall und Erlösung ..., um von ihnen her Natur und Dasein zu deuten". So ist „das Naturphilosophische der Theosophie ... für Schelling die Brücke seiner Rückkehr ins Christliche geworden" (S. 160). Demgegenüber tritt nunmehr die Wertung der Philosophie der Mythologie und Offenbarung, insbesondere der Potenzenlehre ganz in den Hintergrund: das meiste davon „macht doch einen erschütternden Eindruck früher Vergreisung" (S. 198 Anm. 16).

Die Hauptthese des Buches ist demnach, daß es — mit gewissen Nuancierungen, die jeweils durch bestimmte „Einflüsse" zu erklären sind — eine und dieselbe Gottesvorstellung war, die Schellings Philosophieren bestimmte, daß also „schon der Schelling von 1801 ff. letzthin kein Pantheist gewesen ist, sondern daß auch das Identitätssystem schon in theistischer Richtung interpretiert werden muß, soll seine eigentliche Position genuin begriffen werden" (S. 60). *Fuhrmans* ist sich allerdings darüber im klaren, daß der Beweis dieser These noch aussteht; das gilt insbesondere für die Identitätsphilosophie, die einer solchen Interpretation doch erhebliche Schwierigkeiten in den Weg legen dürfte. Von prinzipieller Bedeutung für die Kontroverse zwischen *Fuhrmans* und *Schulz* ist aber, daß diese These eindeutig dafür spricht, daß *Fuhrmans'* Problemstellung im Grunde gar nicht eigentlich philosophischer, sondern vielmehr theologischer Natur ist. Und dies in dem besonderen Sinn, daß Schelling damit mehr oder weniger exakt für bestimmte Theologumena beansprucht wird, ohne daß die Motivation zur Geltung kommt, welche für die Übernahme dieser theologischen Lehrstücke maßgebend war. Wie dann auch umgekehrt bestimmte methodische Alternativen im Sinne dieser theologischen Voreingenommenheit entschieden werden — etwa die Frage, ob die positive Philosophie noch als idealistisch zu gelten habe und ob sie dialektisch oder antidialektisch sei.

Doch damit haben wir uns bereits selbst in die Arena der Auseinandersetzungen begeben, über die nun ausführlich zu berichten ist. *Horst Fuhrmans* hat sich zu der Konzeption von *Walter Schulz* mehrmals ausführlich geäußert, während wir bei *Schulz* auf das bereits Referierte angewiesen sind. Tragen wir also die Argumente nach, die *Fuhrmans* aufzubieten hat.

1. Das wichtigste ist die immer wiederholte These: Nicht die theoretisch-methodischen Probleme, wie Wesen und Existenz, waren für Schelling selbst entscheidend, sondern das Problem der Freiheit als der Freiheit Gottes in der Setzung der Welt.

2. Er will „das Absolute der Dialektik entreißen und es gegen Hegel und allen Idealismus in seine eigentliche Freiheit stellen", oder noch grundsätzlicher: „Dialektisch sein zu wollen, das ist nach Schelling *die* große Sünde der vergangenen Philosophie."

3. Die Fehlinterpretation von *Schulz* beruht auf der mangelnden Scheidung zwischen den Texten der Münchener und der Berliner Vorlesungen (die in der Tat durch den Sohn in oft

verhängnisvoller Weise kontaminiert worden sind). Da die originalen Manuskripte vernichtet wurden, müssen dazu Vorlesungsnachschriften herangezogen werden — aus denen *Fuhrmans* dann sehr weitreichende Folgerungen zieht; sie sollen insbesondere die Prioritäten innerhalb der Motivation beweisen helfen, wobei die zeitlich erste auch die sachlich entscheidende und für Schelling letztlich maßgebende Motivation gewesen sein muß.

Für *Fuhrmans* ergibt sich auf diesem Wege: In der Mitte steht die Gottesfrage, an ihr sei für Schelling alle bisherige Philosophie gescheitert, und dieser Nachweis sei für Schelling von besonderem Gewicht.

4. Ein noch unveröffentlichtes Kapitel aus der ersten Münchener Vorlesung zeigt: Der Fehler aller neuzeitlichen Systeme sei ihr „logischer“ Charakter; demgegenüber soll die kommende Philosophie geschichtlich, Entwurf einer geschichtlichen Philosophie sein, und aufgrund dessen kann es dann zum Bunde zwischen Christentum und Philosophie kommen. *Fuhrmans* behauptet: Dies ist *der* Gegensatz aller Darstellungen in der Münchener Zeit — was, wie wir wissen, bedeutet: der entscheidende Gegensatz der Spätphilosophie überhaupt.

5. Die hier bekämpfte „logische“ Philosophie ist keine Wissenschaft von den Wesenheiten, sondern dialektische Philosophie oder: Philosophie der bloß logischen Verknüpfung — *Fuhrmans* selbst jedoch räumt ein, daß die einzige von ihm angeführte Stelle (11, 9) für diese These nichts hergibt, „wobei es freilich seltsam bleibt, daß Schelling nicht expresse von der ‚Dialektik‘ spricht, denn gemeint war sie ganz und gar“ [(3 a), 1957, S. 305].

Man muß es bedauern, daß *Fuhrmans* sich mit den im eigentlichen Sinn philosophischen Argumenten von *Walter Schulz* nicht wirklich auseinandersetzt, sie scheinen ihn inhaltlich kaum zu interessieren. So wird durch seine Polemik letztlich nur bestätigt, was *Schulz* bereits früher gegen *Fuhrmans* eingewendet hat — wir haben es dort referiert. Wer sich die Mühe macht, die vorliegenden Texte der Spätphilosophie daraufhin durchzugehen, wird bemerken, daß Schelling stets an der Methode philosophischer Rechtfertigung seiner Position besonders interessiert war. Es wäre ja auch seltsam, wenn diese Frage der philosophischen Methode nicht von Bedeutung gewesen wäre, zumal wenn sich die erwähnte Hypothese *Fuhrmans'* bewahrheiten ließe, daß Schellings Position seit 1801 inhaltlich immer dieselbe — nämlich theistisch — gewesen sei. Wir beobachten auch demgemäß — im Unterschied zu der Dürftigkeit dessen, was *Fuhrmans* dazu ermitttelt hat — ein großes, immer neu ansetzendes Ringen um die Bestimmung der richtigen Methode des Philosophierens, und daß dessen Ergebnisse sich nicht auf einige Erbaulichkeiten reduzieren lassen, hat *Walter Schulz* mit seiner eingehenden Untersuchung bewiesen.

6. Die weitere Diskussion der durch *Fuhrmans* und *Schulz* angeregten Auseinandersetzung — sie ist bis heute nicht annähernd beendet — steht weitgehend unter der schon durch die beiden Protagonisten repräsentierten Alternative von theologisch und philosophisch orientierter Interpretation. Dabei geben Beiträge von konfessionell-theologischer Seite den Ton an, nur gelegentlich, und dann zumeist nur in Spezialproblemen, stößt man auf eine primär an philosophischen oder doch philosophiegeschichtlichen Problemen interessierte Interpretation. Demgemäß wird auch fast stets die Spätphilosophie insgesamt diskutiert, und eine entsprechende Ausweitung erfährt auch die dem Titel nach zunächst eingegrenzte Problematik.

Wir greifen zunächst drei herausragende Arbeiten katholischer Provenienz heraus. Zur Charakterisierung der beiden ersten können wir uns mit Gewinn der Formulierungen von *Hans Czuma* (1), 1968 bedienen, dessen Arbeit die zuletzt erschienene ist. Bemerkenswerterweise wird die überragende Leistung des Werkes von *Walter Schulz* von allen dreien ausdrücklich anerkannt, aber sie alle suchen zugleich „über Schulz hinauszukommen". Dabei möchte *Walter Kasper* (1), 1965 „das Denken Schellings auf eine Einheit von transzendentalem und metaphysischem Denken" hinführen, das geschieht jedoch nach dem Urteil von *Czuma* nur „durch ein äußeres Herantragen von Interpretationsgedanken an Schelling"; übrigens kommt *Czuma* selbst zu dem Ergebnis, die Arbeit von *Kasper* habe „in erster Linie ein theologisches Erkenntnisinteresse“ (8). Dagegen nennt er das Buch von *Klaus Hemmerle* (1), 1968 „eine ausgesprochen philosophische Arbeit“, die jedoch versucht, „über die Interpretation Schellings im Sinn der Selbstvermittlung der Vernunft hinaus andere Denkansätze Schellings herauszuheben auf die Fragestellung einer gegenwärtigen Religionsphilosophie hin“ (9). Bei *Czuma* selbst dagegen handelt es sich um den „Versuch, einen vom transzendental-idealistischen Interpretations-Standpunkt verschiedenen Interpretations-Standpunkt des Verstehens (weil des Philosophierens) Schellings einzuführen“ (9). Seine gegen *Schulz* gerichtete „Alternative“ lautet: „Nicht Vernunft, sondern Sein, nicht transzendental-dialektische Selbstkonstitution der reinen Subjektivität, sondern hermeneutische Selbstvermittlung der Unmittelbarkeit des wirklichen Bewußtseins“ (8).

Untersuchen wir nun unter Führung dieses Signalelements kurz die einzelnen Arbeiten! Dabei soll zunächst nur auf die Erörterung der Prinzipienfragen näher eingegangen werden. Bei *Schulz*, so erklärt *Walter Kasper*, begegne uns „ein absolut finitistisches Denken, das bodenlos in sich geschlossen dasteht, ein Denken ohne Hoffnung, schon Vorbote eines heraufziehenden Nihilismus“ (S. 15). Das ist eine bedingungslose Kampfansage, die seltsam kontrastiert mit der Zustimmung, die wir eine Seite vorher lesen können, zu der Interpretation des „späten Schelling vom idealistischen Ansatz her“; das dort genannte „Überfragen des vorhergehenden Idealismus“, das *Schulz* als Grundbewegung der Spätphilosophie herausgearbeitet habe, scheint zu nichts geführt zu haben oder doch als Interpretationsmaxime nicht zuzureichen. *Kaspers* eigene, positive Deutung hat ihren Kern im Hinweis auf den Wandel der (Hegelschen) Dialektik zur (Schellingschen) Dialogik (S. 22, 176). Allerdings habe die Macht seines eigenen bisherigen dialektischen Denkens Schelling daran gehindert, die Konsequenzen seines auf dem Freiheitsbegriff beruhenden Standpunktes bis ans Ende durchzudenken (227). Doch war er imstande, die kirchliche Lehre neu, nämlich dynamisch, als dialektische (?) Bewegung zu denken (231). Gegen die These von *Schulz* [(1), S. 236]: „Ein wirkliches Du, das als Gegenüber den Kreis der Selbstvermittlung sprengt, gibt es hier nicht und kann es hier nicht geben" behauptet *Kasper*: Schellings Denken führt „seinem ganzen Grundzug nach auf ein personaldialektisches Denken", ohne daß er freilich diesen Schritt selbst vollzogen hätte. „Schellings Leistung ist es, den Idealismus bis auf diese letzte Konsequenz, bis auf jenen kritischen Punkt hin durchgedacht und damit auch den einzig gangbaren Weg aufgewiesen zu haben, auf dem er von innen heraus überwunden werden kann" (S. 235). Die Diskussion des Begriffs der creatio ex nihilo ergibt übrigens: Schellings Verurteilung durch das Vaticanum I wegen *pantheismus essentialis* trifft „für die Spätphilosophie Schellings keineswegs mehr zu" (S. 240 Fußn.).

Damit ist bereits eine Frage aufgenommen, die *Klaus Hemmerle* als Anlaß des Buches von *Kasper* namhaft macht: Wie werden von Schelling „angebahnte Denkmöglichkeiten dem von der christlichen Botschaft Gemeinten möglicherweise neu gerecht und geschichtlich gerechter als klassisch-herkömmliche . . ."? (*Hemmerle*, S. 22). Er selbst gesteht *Walter Schulz* zu, daß er als erster es unternommen habe, „Schellings Spätphilosophie von dem her aufzuschließen, was in ihr ‚gedacht' ist"; *Schulz* habe erwiesen, „daß hier gerade und genau der Gedanke, in welchem sich das Denken denkt, in sein ihm entzogenes und so ihn (?) doch gewährendes Ende denkt"; der Gott Schellings sei „die dem Denken in seinem Ausgang aus sich allein entzogene Selbstvermittlung". Jedoch kämen bei *Schulz* „die qualitativ anderen Anstöße Schellingschen Denkens nicht zum Vorschein . . .: das ‚existenzielle' Interesse am göttlichen Gott", die „Leidenschaft Schellings, Gottes Freiheit *zur* Schöpfung und die Positiva Schöpfung, Fall, Erlösung als unableitbar in seiner positiven Philosophie zu begreifen" (S. 19 f.).[17] Fast bis zur

[17] Daß Hemmerle „von Schulz hynotisiert" sei, wie X. Tilliette [(2), S. 305] behauptet, kann ich darum nicht zugeben. Im übrigen sprechen die angeführten Satzteile für sich selbst, und Tilliettes herbe, aber sachlich wohlfundierte Kritik auch an dem „Silbengeklingel" — genauer

Mitte des Buches kreist die Reflexion einzig um das Denken. Die Frage ist zunächst, warum das Denken des alten Schelling nicht mehr wie früher sich selbst als den alleinigen Grund setzt und behauptet, warum es also auf seine eigene Unbegründbarkeit reflektiert und sich an dieses Unvordenkliche freigibt als an seine Voraussetzung. Schellings Antwort darauf geschieht nicht etwa in der Erhellung dessen, was er die Potenzialität der Vernunft nennt, vielmehr erfährt Denken sich in seiner Ursprünglichkeit und erfährt darin zugleich, daß es dieser Ursprünglichkeit nicht selbst mächtig, sondern auf die fundamentalere Ursprünglichkeit des Seins angewiesen ist. Es erfährt, mit einem Ausdruck *Hemmerles,* die „mediale Ursprünglichkeit", dank welcher Denken der Wahrheit zu entsprechen hat (S. 57 ff.). Erst aus der Umkehr des Denkens in diese mediale Ursprünglichkeit kann das Denken „der unableitbaren Freiheit Gottes gerecht zu werden" versuchen. Hier meint *Hemmerle* jedoch eine wesentliche Unterscheidung einführen zu müssen: Schelling spricht von einer „Magie" des Denkens, durch die es die unvordenkliche Wirklichkeit (Gottes) an sich zieht und sich noch in seiner Selbstfreigabe an „Wirklichkeit, Existenz, Sein, Daß" in seiner Selbstgewißheit und damit seinen Ursprung als seinen höchsten „Gegenstand" versteht; demgegenüber gelte es, das Denken „frei für den Verweis" an das Unvordenkliche werden zu lassen. Schellings Denken und Sprechen entrinnen also „nicht dem Willen der Vernunft, ihr eigenes Ausdenken, ihre ‚negative Philosophie', über das Undenkliche triumphieren zu lassen" (S. 76). Um demgegenüber den rechten Weg zu weisen, erinnert *Hemmerle* an eine beiläufig von Schelling gebrauchte Wendung

vielleicht: an einem degenerierten pseudo-heideggerschen Sprachduktus — und einem „Knirschen der Mühle ohne Mehl" kann man nur unterstreichen. Es herrscht in allen diesen theologisch inspirierten Arbeiten eine „Stimmung", die in ihrer sprachlichen Übersteigerung nach säkularisiertem Pietismus bzw. seinem katholischen Pendant hin tendiert. Daß Schelling sich von solchem „Denken des Denkens" mit Abscheu abgewandt hätte, wird man Tilliette gern zugeben.

(13, 172) — deren Intention freilich reichlich über-interpretiert scheint —, wonach Schellings Gottesgedanke „sich orientiert am ‚allgemeinen Sprachgebrauch', und das heißt; am persönlichen Verhältnis von Anrufung, Hoffnung und Verantwortung zu Gott als Gott, so wie die christliche Offenbarung dieses Verhältnis eröffnet und wie es durch die geschichtliche Tradition hindurch das Bewußtsein der Zeit Schellings rezipierte" (S. 323). Im Denken Gottes geschehe eben andres „als nur die Selbstauslegung des Daseins" im Sinne der modern-idealistischen Position: auch nach Schellings eigener Absicht trage uns „die Selbstreflexion des Denkens, die Schelling in äußerster Radikalität durchführt, . . . eindeutig weiter als bis zur Hypostasierung der Unbegreiflichkeit endlicher Freiheit zu einem Gott nach ihrem Bild": es ereigne sich hier die unwillkürliche Verwandlung des denkenden Sprechens zur direkten Rede, zum Dialog (S. 327 ff.).

Hans Czuma, der bereits als „Kriegsberichterstatter" zitiert wurde, führt in seinem eigenen Buch den schwersten der Angriffe gegen die Position von *Walter Schulz*. Ein noch herkömmlich zu nennendes Argument ist dabei die These, die Interpretation der Spätphilosophie durch *Schulz* unterscheide sich von der bisher geläufigen, die Schelling „im Korsett des Deutschen Idealismus" gezeigt habe, „nur dadurch, daß bisher Schelling nur als bloße Stufe auf dem Weg zum Vollender Hegel aufgefaßt wurde, während nun Schelling gerade durch seine Spätphilosophie zum Vollender des Deutschen Idealismus über Hegel hinaus wird" (S. 17). Daß diese Verschiebung der Perspektive auch eine Neubestimmung des Begriffs Deutscher Idealismus zur Folge hatte, wird dabei übergangen. Schon die stattliche Reihe der Gegenschriften beweist aber die Fruchtbarkeit dieses Ansatzes.

Eher zur Sache führt die These, es lasse sich aus der Quellenlage erschließen, „daß zwischen negativer und positiver Philosophie ursprünglich keine Einheit geplant war und dann auch nie erreicht worden ist". Die große Tat des alten Schelling, so meint *Czuma,* sei „die kritische Destruktion Hegels" — sie aber habe Schelling nicht dadurch geleistet, daß er „den Idealismus in sich selber vollendete, indem er ihn in seine Absurdität führte".

Vielmehr: Wie schon Schellings Denken vor der Spätphilosophie nicht transzendental-idealistisch bestimmt gewesen, sondern aus einer — damals freilich anders gearteten — Unmittelbarkeit „erfolgt" sei, so sei das „Neue" der Spätphilosophie „die Unmittelbarkeit als entschieden religiös-christliche, konkret gefaßt in der (geschichtlichen) Sprachgebrauchsbedeutung Gottes (auf Heraufführung der philosophischen Religion hin)" (S. 16 f.).

Mit dieser Unmittelbarkeitstheorie, deren Thesen in der Ausführung leider nicht hinreichend evident gemacht werden, reiht sich *Czuma* also in die Front derer ein, die, fasziniert von einzelnen Thesen des späten Schelling, ihn zum christlich gesonnenen Eideshelfer gegen jede Art von Idealismus erkoren haben.[18]

7. Das Buch von *Walter Schöpsdau,* Die Evidenz Gottes im Mythos (1972) ist der einzige Diskussionsbeitrag von evangelischer Seite. Schon im Untertitel ›Schellings Spätphilosophie und die Theologie‹ kommt die besondere Orientierung der Fragestellung deutlich zum Ausdruck. Die Erörterung bringt Neues auch dadurch, daß die Situation innerhalb der evangelischen Theologie von heute mit Schellings Spätphilosophie ausführlich konfrontiert wird. Wohltuend berührt dabei die klare Diktion und der gute Aufbau der Untersuchung. Ihr Mangel liegt in dem doch nur begrenzten Verständnis für die idealistische Subjektivitätsproble-

[18] Für seine Krtik an Schulz beruft sich Czuma u. a. auf Schellings Darstellung der Geschichte der neueren Philosophie und bemängelt, daß „Schulz und die anderen Schelling-Autoren über die Vernunft so sprechen, als sei die Vernunft eine an sich feststehende Größe" (S. 106 f.); den Nachweis dafür wird er aber jedenfalls den jüngeren, im Umkreis Heideggers groß gewordenen Interpreten gegenüber wohl schuldig bleiben müssen. — Zur Widerlegung seiner Behauptung (S. 21), die „ontologische Differenz" von Sein und Seiendem sei von anderen nicht bemerkt worden, darf ich ausnahmsweise auf mein eigenes Schelling-Buch (1954, S. 310 f.) verweisen; daß über das Thema noch mehr zu sagen wäre, versteht sich, daß aber die weiteren Ausführungen des Verf. diese notwendige Belehrung enthalten, möchte ich — schon wegen ihres pseudo-heideggerschen Stils — bezweifeln.

matik — wovon jedoch kritische Einsichten etwa über Schellings Personbegriff (S. 149 ff.) ausdrücklich ausgenommen werden müssen. Das relative Recht der Interpretation von *Walter Schulz* wird durchaus anerkannt, so sei *Walter Schulz* „zuzugeben, daß wir es in Schellings Spätwerk keineswegs mit einer ihrer selbst nicht mächtigen ‚Schau' zu tun haben, sondern mit einer methodisch ausgewiesenen philosophischen Denkbemühung", weiter „daß in Schellings positiver Philosophie nicht die ontische Herkunft des Seienden als solchen, sondern das Faktum vernünftigen, vom Logos durchwalteten Seins zum Problem wird". Der Haupteinwand des Verf. ist, daß *Schulz* sich zu Unrecht zutraut, den Graben „zwischen der im Denken herbeigeführten Selbstvermittlung der Potenz des Seins und der (behaupteten) *wirklichen* Selbstvermittlung" zu überbrücken mit der These vom „Projektionscharakter" des Schellingschen Gottes. Hier scheint dem Verf. vielmehr „gerade eine umgekehrte Projektion" vorzuliegen: „Schelling projiziert den christlichen Gottesbegriff, den er im strengen Sinne voraus-setzt, auf die idealistische Problemebene" und gibt dabei gerade das, „was Schulz aus ihm herausliest, seinen Gegnern" „kritisch zu bedenken . . .: daß negative Philosophie ‚die Religion nur als Religion der absoluten Subjektivität, nicht als objektive oder gar als geoffenbarte enthalten kann' (13, 134)". Weiter aber bemerkt *Schöpsdau*: „Das Verhältnis der positiven Philosophie zur christlichen Offenbarung ist gewiß problematisch; aber daß sie ein solches überhaupt anstrebt, deutet in eine Richtung, die aus der Enge der Selbstreflexion von Subjektivität herausweist" (S. 216 f.). Damit sind Recht und Grenzen der Schellingschen Position aus der Sicht der Theologie und ihre Bedeutung für diese klar bezeichnet.

8. Unter den zahlreichen Veröffentlichungen, die sich mit der Kontroverse *Schulz—Fuhrmans* beschäftigen, findet sich nur eine einzige mit rein philosophischen Voraussetzungen und Tendenzen: *Harald Holz*, Spekulation und Faktizität. Zum Freiheitsbegriff des mittleren und späten Schelling (1970). Zwar bezeichnet es Holz sogleich als unmöglich, „eine sog. ‚vorstandpunktliche' oder ganz voraussetzungslose Ausgangsposition einzunehmen";

auch seien weder der Primat des „Problembewußtseins der Gegenwart“ noch „der Primat des Objekts“ absolut, sie seien vielmehr aufzuheben zu einer „korrelatorischen Lösung“. Unter diesen Voraussetzungen verspricht er sich und uns „eine Bereicherung des philosophischen Wissens primär durch das Gespräch“ zwischen „den philosophischen Systemen von Rang“ in einer möglichen „Interkommunikation über alle Zeiten und Zeitalter der Philosophiegeschichte hinweg“ (S. 1—3). Im vorliegenden Fall sei „die formal gleichbleibende Struktur der Schellingschen Systematik“ in ihrer mittleren und späten Periode aufzuweisen, und dabei „lange übersehene, verdeckt gebliebene philosophie- und geistesgeschichtliche Hintergründe“ offenzulegen — konkret: zu zeigen, daß Schellings Böhme-Abhängigkeit „peripher“, ja „schlicht und einfach eine Legende ist“ (S. 7). Im Unterschied dazu sei Schellings „Bezugnahme auf neuplatonische, im Laufe der Zeit auch zunehmend auf patristische Denker“ beim Entwurf des Systems seiner Spätphilosophie von entscheidender Wichtigkeit. Zentralpunkt der Spätphilosophie sei „die spekulative Reflexion auf die Freiheit und ihre Voraussetzungen“. So erweise sich, daß Schelling mit der Thematik seiner Spätphilosophie „nur konsequent war in der Entfaltung seiner früheren Ansätze, und daß er zugleich einen besondern Blick für verwandte, wenn auch zeitlich sehr entfernte . . . Systeme hatte“ (S. 8 f.). Philosophie sei dabei in bezug auf Schelling „in ihrem Kern als schlechthin autonome Wissenschaft“ anzusehen, „die sowohl für sich selbst als auch in Hinsicht auf alle übrigen Wissenschaften den kritischen Nachweis der Prinzipien oder letzten Gründe zu leisten“ habe; entgegen *Sandkühler* sei sie also nicht „als bloßer Überbau zu bestimmten gesellschaftlichen Verhältnissen“ zu begreifen — „die Theorie und alles, was in ihren Umkreis fällt“, bedürfe vielmehr grundsätzlich „der praxisfreien Autonomie“ (S. 9 f.). Was insbesondere Schellings Spätphilosophie betrifft, so bewegen sich seine Spekulationen zwar „auf längere Strecken im Grenzgebiet zur Religionsphilosophie, mehr noch aber zur (christlichen) Theologie“, sein Interesse daran objektivierte sich jedoch „auf einem Boden, der vom strengen transzendentalphilosophischen

Idealismus Kants und Fichtes bestimmt ist, ohne einen tiefgreifenden Bruch ... zum System der Spätphilosophie" (S. 11).

Holz steht damit in seiner ganzen Konzeption in bewußtem und klarem Gegensatz zu der Auffassung insbesondere von *Horst Fuhrmans*, die denn auch das Hauptziel einer durchgehenden, mit jugendlichem Ungestüm vorgetragenen Polemik ist. Ich greife beispielsweise einige Argumentationen heraus:

1. Die „Mystifizierung der Biographie" (S. 39), genauer: das Überwiegen des biographisch-historischen Moments, für dessen Einsatz bei *Fuhrmans* jedoch das Material gar nicht ausreiche — wie denn überhaupt „die Basis der Interpretation von Fuhrmans ... eine streng romantische Deutung von Schellings Person, Leben und Werk" bilde (S. 25 ff. samt den wie überall reichlichen und zumeist sachhaltigen Fußnoten);
2. „alle Überlegungen über die sog. Christlichkeit von Schellings Denken, die das ... *philosophische* Problem — wie Welt durch die Wesenheit Gottes notwendig ermöglicht ist — unterschlagen oder zu gering bewerten, und zugleich seiner immanenten Dialektik nicht gerecht werden, verstricken sich ... in eine unfruchtbare Diskussion über den Grad von Schellings christlichem oder nichtchristlichem Philosophieren" (S. 73 [8]) — eine Argumentation, welche die oben behandelten Denker katholischer Provenienz mehr oder weniger alle mitbetrifft.

Nach den berichteten Maximen werden im ersten Teil Schellings Freiheits- und Weltalterspekulation, im zweiten Teil die Spätphilosophie analysiert. Die „Wende zwischen 1804 und 1810" wird mit reichem Belegmaterial „aus einer ‚Begegnung' ... mit der spätantiken Philosophie und spekulativen Theologie" interpretiert und die große Bedeutung dieses Elements für die Entwicklung von Schellings Denken dargestellt (S. 35 ff.). Ein erster Ansatz der Spätphilosophie liegt, wie *Holz* am Begriff des Absoluten schlüssig beweist, schon in ›Philosophie und Religion‹ (1804) vor (S. 41 ff.). Sehr schön weist er hier andererseits (S. 51 f., bes. 51 [7]) die systematische Verbindung zur ersten Phase von Schellings Philosophie nach: sein damaliges theoretisch-ästhetisches Leitmodell schloß es aus, das Faktische ebenso der Freiheit wie des Empirisch-Zufälligen und des Bösen als Elementarfaktoren zu integrieren. Der Grund des Endlichen, so sieht Schelling nun, „ist allein im Endlichen selbst zu suchen", und zwar in etwas, das Spontancharakter hat; Prinzip des Endlichen ist also letztlich keine Tatsache, sondern eine Tathandlung: die Ichheit, das Fürsichsein des Gegenbildes; „ ‚Sündenfall' darf hier also nicht im genuin-christlichen Sinn verstanden werden ... Doch hat sich Schelling von der Idee des Abfalls sehr bald als ‚wissenschaftlich unbrauchbar' distanziert" (S. 53 f.).

Man stößt hier erstmals im Denken Schellings auf Spuren Plotins (sehr belehrend darüber S. 53[14] und S. 59[1]). Die prinzipielle Problematik führt hinüber zur ‹Freiheitsschrift› von 1809, mit der „eigentlich die Grundlegung der praktischen Philosophie Schellings erfolgt" (S. 62). Hier wird vor allem die Kenntnis der antiken Logik fruchtbar (S. 63 ff.). In den Kern seiner spekulativen Bemühungen führt die Frage, „inwiefern das Absolute sich als absolutes Verhältnis von Einheit und Gegensätzlichkeit darstellen läßt" (S. 66); in ihrer Lösung — der Unterscheidung einer absoluten und einer abgeleiteten, relativen Freiheit und einer dementsprechenden relativen Absolutheit — ist bereits die Unterscheidung von positiver und negativer Philosophie angelegt, und insofern liegt „der Schlüssel zum systematischen Ganzen der Schellingschen Philosophie in dieser Epoche des Umbruchs" (S. 68 f.). Hier wie andernorts finden sich vortreffliche Einsichten über die Besonderheit von Schellings dialektischer Methode (z. B. S. 75 f., 194 ff. — hier im Zusammenhang mit Rückverweisen auf Aristoteles).

Das eingehende Referat der Anfangskapitel sollte in erster Linie über die historischen und prinzipiellen Voraussetzungen der wertvollen Analysen des nicht leicht zu lesenden Buches unterrichten, die in ihren Einzelergebnissen eindeutig über das von der Schelling-Forschung bis dahin Gewonnene hinausführen. Auf den Inhalt der Hauptkapitel kann hier nicht eingegangen werden. Wir müssen uns auf die Darlegungen beschränken, welche für das prinzipielle Problem einer Interpretation der

Spätphilosophie von Bedeutung sind; ihnen sind — neben zahlreichen Auslassungen innerhalb der Einzelanalyse — vor allem die beiden „hermeneutischen Exkurse“ gewidmet (S. 338—349, 464—475).

Anlaß dieser Überlegungen sind „die scheinbaren Widersprüchlichkeiten in den Äußerungen Schellings“, die „jeweils verschieden bewertet und gedeutet werden“ a) „von einer zum traditionellen ‚Realismus‘ neigenden“, b) „von einer zu einem sog. ‚idealistischen‘ Interpretationsrahmen neigenden Gruppe von Interpreten“ (S. 347). Repräsentiert sind diese Gruppen im vorliegenden Fall a) durch die Vertreter der „sog. ‚christlichen Interpretation‘“ — also jene, die wir zuvor in Abschnitt 6 unter diesem Stichwort diskutiert haben, b) in erster Linie durch *Walter Schulz* (vgl. dazu S. 340).

Es versteht sich, daß *Holz* von der Absicht geleitet ist, den Streit dieser beiden Gruppen zu schlichten. Um zu verstehen, wie das geschehen soll, müssen wir jedoch zunächst die charakteristischen Theoreme der beiden Seiten kennenlernen — oder doch das, was Holz dafür hält.

a) Der sog. Transzendenzstandpunkt versteht das Erkennen als eine „gegensinnige Relation“, nämlich einerseits vom Erkenntnissubjekt hin auf das Objekt an sich, andererseits vom Objekt zum erkenntnistheoretischen Subjekt; das Objekt ist hier formale wie materiale Ursache der Erkenntnis. Als übergreifendes und letztbegründendes Prinzip kann hier ein göttliches Absolutes auftreten, das letztlich als Fundament besagter Relationen fungiert; ihm gegenüber verhält sich das endliche Subjekt in seiner Tätigkeit grundsätzlich wie etwas Reproduzierendes zum ursprünglich Produzierenden. Der Primat des Objekts wird dann im Gesamtsystem zum Garanten des Primats des Absoluten. Holz verweist auf die hier entspringende Problematik „einer negativen (oder auch positiven) Theorie des Absoluten“ sowie auf die Konsequenz schwer zu beseitigender „Antinomien im Bereich des Zusammenwirkens von göttlicher und menschlicher Freiheit“. Auch nimmt sich von einem solchen Standpunkt „Schellings Systementwurf leicht doppelsinnig und unklar aus“, was zu Kontroversen — etwa zwischen *Fuhrmans* und *Kasper* — führen muß. (S. 340 f.).

b) Der sog. Immanenzstandpunkt eliminiert das Ding an sich. Die Objektwelt in einem dem erkennenden Subjekt unzugänglichen Sinn wird Grenzbegriff, insbesondere, wenn der Bereich des Ansich in die Sphäre der Freiheit verlegt wird — wie es nach der Auslegung von *Walter Schulz* auch der späte Schelling tut. Der Begriff eines schlechthin transzendenten Absoluten dient dann lediglich, der Vernunft eine letzte, endgültige Möglichkeit der Vermittlung zu geben: das Aposteriori als konstruktives Prinzip läßt „die Unmittelbarkeit des sonst nicht zu Vermittelnden" — der Erfahrung und des Ansich der Geschichte — aus transempirischen Gründen begreiflich werden. Das Subjekt ist Ursprung aller Relationen und zugleich ihres Fundaments: waren in der Sicht des Transzendenzstandpunktes Fundament und Relationen auf unendliche und endliche (= nicht-absolute) Subjektivität und Objektivität verteilt, so sind jetzt alle diese Momente Kennzeichen nur des Subjekts. In Schellings Spätphilosophie hat die Vernunft nach *W. Schulz* die Funktion genau jener obersten Instanz, „die auch das dem Anschein nach ‚ganz Andere' als das von ihr Prinzipiierte erweist" (S. 342 f.).

Es muß erlaubt sein, mit dem Hinweis auf diese Gegenüberstellung der beiden Konzeptionen abzubrechen: Schon in dem bisher Wiedergegebenen nämlich werden — von uns übergangene — Denkansätze wirksam, die — in erster Linie von Hans Wagner[19] entlehnt — sich mit Schellings Argumentation nicht ohne weitläufige Diskussion konfrontieren oder gar integrieren lassen. Es sind wohl dieselben Schwierigkeiten, welche die Analyse von *Harald Holz*, unternommen mit dem ehrgeizigen Ziel einer Versöhnung der beiden Positionen in einer sie überwölbenden dritten Konzeption, nicht zu der Klarheit durchdringen ließen, die es erlaubte, sie als wirkliche Lösung anzusprechen.

9. Dergleichen erscheint vielleicht insofern gar nicht erforder-

[19] Philosophie und Reflexion, 1959.

lich, als *Walter Schulz* selbst in dem Schlußkapitel seines Buches diese Diskussion noch wesentlich weiter geführt hat, als es seine Gegner offenbar wahrgenommen haben. *Schulz* wiederholt hier zunächst eine Mahnung, welche den Ernst seiner Argumentation eindrucksvoll unterstreicht: Der Idealismus ist ein geistiges Schicksal, und was ihn und seinen „Subjektivismus" überwinden kann, ist darum auch allein er selbst. Er beginnt sich selbst aufzugeben eben in der Vollendung der reinen Subjektivität in Schellings Altersphilosophie. Aber auch wir „Nachidealisten" haben den Subjektivismus darum noch nicht hinter uns, er ist darum auch kein moralisches Vergehen, das eigentlich zu vermeiden war und das es nun mit aller Kraft zu „negieren" gilt. Ein solches Bemühen zeigt nur, daß wir unsere geistesgeschichtliche Situation nicht durchschauen: „Ob wir zu den alten Ordnungen zurückzukehren uns entschließen oder neue Ausrichtungen proklamieren, immer schon setzen wir damit die Freiheit, uns selbst zu binden, voraus" — das bezeugt sich gerade auch in der „Hybris, mit der wir 500 oder 2000 Jahre unserer Geschichte als Irrtum erklären". Aber „diese Freiheit reiner Selbstbestimmung ist *Schein,* und dieser Schein zieht seine Kraft *allein aus der Naivität einer Unmittelbarkeit, in der wir uns gegen die aneignende Vermittlung unseres geistigen Schicksals verschließen*" (S. 299).

In der idealistischen Reflexion — das ist die Begründung dieser These — erfährt die Subjektivität sich als das Wesen, das als solches auf sich angewiesen und verwiesen ist. Im Transzendieren zu einem von ihr unterschiedenen Anderen ihrer selbst hatte sie einen Grund, ein einsichtiges Prinzip ihrer selbst gesucht; jene Erfahrung aber lehrt sie, daß ein solcher Bezug unverfügbar ist, sie findet sich vielmehr immer schon als „gegründet" vor — was Schelling interpretierte: Die „Tat" der Gründung Gottes ist grundlose Freiheit. Gerade an diesem Punkt des Umschlags aber entsteht die Gefahr des Mißverständnisses, „daß man den Weg nicht vom Anfang bis zum Ende geht, sondern unterwegs stecken bleibt" und aus dem jeweiligen System diesen Punkt herausnimmt und isoliert als ein neues

Prinzip in Besitz nehmen möchte. Das geschieht, wenn man Schellings Bewegung in Gott feststellt und ihn — im Sinne des alten Prinzips des summum ens — zum Urgrund aller Wirklichkeit erhebt; es geschieht auch, wenn man etwa aus Kierkegaard die Lehre von Gott als dem ganz Anderen herausnimmt und damit über die säkularisierte, sich gegen Gott sperrende Welt zu Gericht sitzt; es geschieht ebenso in der emphatischen Rede vom „Sein", das man zum Prinzip erhebt, um damit, im Schema der ontologischen Differenz *(Heideggers)*, alle bisherigen Grundlegungen der abendländischen Metaphysik radikal zu überfragen. Auch Schelling selbst scheint einem solchen Mißverständnis erlegen, wenn er von Gott als der eigentlichen Wirklichkeit redet, die über alle Vernunft und damit der alles gründende Grund ist. Alle solchen Bemühungen „stehen als Metaphysik der Metaphysik selbst unter deren Motiv, ein Prinzip zu finden, sei dies nun Gott als höchstes Subjekt oder ein subjektloses Sein". Das Wesen des in dialektischem Sinn Anderen aber ist vielmehr, *„daß es nicht isoliertes Prinzip ist, sondern Medium, Mitte der gesamten Bewegung, ihre Ver-mittel-ung"* (S. 302).

Zweifellos wird diese abschließende These von neuem den Protest der Theologie herausfordern. Jedoch muß diese sich dann zugleich rechtfertigen gegenüber dem Argument, daß sie damit hinter der Vollendetheit der sich selbst vollbringenden Reflexion zurückbleibt, indem sie wiederum ein Prinzip aufstellt, und daß sie so gerade jenem Gesetz der Dialektik verfällt, das sie überwinden wollte.[20]

10. Jedoch, „hierher, dorthin schwankt die Schlacht" (Schiller) — wenn uns bisher *Walter Schulz* gegenüber seinen zahlreichen Gegnern immer noch die besseren Argumente zu haben schien, so müssen wir nun, im Blick auf das große Werk von *Xavier*

[20] Die abschließende Auslegung von Schellings frühem Systemprogramm kann hier nicht mehr diskutiert werden (vgl. S. 304 ff.); auf sie sei jedoch nachdrücklich verwiesen, ebenso auf die den Idealismus im ganzen betreffende Weiterführung der Erörterung in: Walter Schulz, Das Problem der absoluten Reflexion (Einsichten, Gerhard Krüger zum 60. Geburtstag, 1962, S. 334—360; auch gesondert erschienen).

Tilliette, die Verhandlung gewissermaßen zur Revision wiederaufnehmen. Die bereits gewürdigte, an Gründlichkeit wie an Besonnenheit alles Bisherige in den Schatten stellende Qualität seiner Untersuchungen bewährt sich auch gegenüber der Problematik der Spätphilosophie, und dabei werden Resultate gewonnen, mit denen die kommende Diskussion sich noch eingehend wird beschäftigen müssen. Davon wollen wir abschließend wenigstens einen ersten Eindruck vermitteln.

Was nach *Tilliettes* Einsicht die Diskussion über die Spätphilosophie so überaus erschwert, ist zunächst die — vor ihm bereits von anderen beklagte — Beschaffenheit der Quellen. Schellings letzte Philosophie präsentiert sich ja bei näherem Zusehen keineswegs als das einheitliche Gebilde, als welches die vier Bände der II. Abteilung in der Edition des Sohnes, der darin jedoch nur den Intentionen des Vaters gefolgt ist, erscheinen; vor allem was uns als rationale Philosophie angeboten wird, ist ein Durcheinander von älteren und neueren Bruchstücken, es überkreuzen sich darin mindestens zwei Zyklen aus ganz verschiedenen Entwicklungsstadien. Die Termini „Negative" und „Positive Philosophie" werden dabei immer wieder in ganz verschiedener Bedeutung gebraucht. So bietet die Spätphilosophie in ihrer letzten Gestalt das Bild eines Januskopfes mit doppeltem Gesicht: „negativ" und „positiv". Ob aber diese rationale Philosophie als Ganzes distanzierte Kritik des Idealismus sei oder seine innerliche Überschreitung, darüber haben schon die Zeitgenossen, über noch dürftigerem Material, gestritten.

Das schwierigste Problem scheint dabei, wo die Trennungslinie von positiver und negativer Philosophie zu ziehen sei. Ganz offensichtlich war Schelling selbst darüber gar nicht durchwegs derselben Meinung, unsere Texte aber sind vielfach nachdatiert. Eine aufmerksame Lektüre zeigt auch ohne sonstige Unterlagen, daß hier zwischen einander zunächst widersprechenden Texten Übergänge — manchmal recht künstliche — erst nachträglich geschaffen wurden.

Tilliettes These ist nun die folgende: Die Spätphilosophie ist eine Ablagerung von Schichtgesteinen oder besser ein Palimpsest.

Genauer: Man kann darin zwar einen invarianten Bestand abgrenzen, der die ursprüngliche Idee der positiven Philosophie enthält, die rationale Philosophie aber existierte als Ganzes erst zuletzt. Nur so ist der Streit zwischen *Fuhrmans*, der Schellings letzte produktive Phase in die Zwischenepoche der ›Weltalter‹-Philosophie zurückverlegt, und *Walter Schulz*, nach dessen Verständnis Schellings Weg stets weiter nach oben geführt hat, zu schlichten (Bd. 2, S. 21 ff.). Was aber Schelling offenbar wirklich am Herzen lag, ohne daß er es erreichte, war eine einheitliche und endgültige Fassung des anstößigen Übergangs zwischen negativer und positiver Philosophie (S. 30).

Die Widersprüche in der äußeren Ordnung des Ganzen verweisen also auch auf innere Ungereimtheiten, und dies ist „die Ursache und zugleich eine wenigstens teilweise Rechtfertigung für das Durcheinander der Interpretation" (S. 35).

Mit großer Klarheit entfaltet *Tilliette* nun die beiden bei Schelling aus den besagten Gründen nebeneinander auftretenden Bestimmungen des Verhältnisses von negativer und positiver Philosophie. Die erste: Beide, negative und positive Philosophie, sind Philosophie — dieser Lesart gibt *Schulz* den Vorzug, nicht ohne, wie auch Schelling später, eher das Gewicht der negativen Philosophie zu betonen; dagegen ist das Problem des Übergangs von der negativen zur positiven Philosophie sowenig das Problem Schellings wie das seines Interpreten *Schulz*. Die zweite Bestimmung: Negative Philosophie ist eigentlich gar keine Philosophie, sie ist „Sündenfall des Denkens", ist Kritik aber nicht Metaphysik — die Lösung also, der *Fuhrmans* sich anschließt (S. 52 ff.).

Aber wir müssen *Tilliette* wenigstens noch ein paar Schritte weiter in das Dickicht der Probleme folgen, um die Fruchtbarkeit seiner Betrachtungsweise zeigen zu können. Nach seinem eigenen Geständnis endet der Versuch, das Verhältnis von negativer und positiver Philosophie zu bestimmen, im einzelnen in einer Fülle von Thesen, die „zugleich durchsichtig und undurchdringlich sind" (S. 65). Den Grund dafür sieht er darin, daß verschiedene Tendenzen Schellings sich hier verschlingen und gegenseitig im Weg sind, je nachdem ob er argumentiert unter Absehung von der negativen oder von der positiven Philosophie oder von der Verbindung beider. Am Vereinigungspunkt verflechten und berühren sich beide Philosophien: Der Gedanke der Existenz wirkt souverän hinein auch in die negative Philosophie, das existierende Endliche ist notwendiger Inhalt und unmittelbarer Begriff der Vernunft; und umgekehrt verweist die „ekstatische" Wendung in der Auffassung der Erkenntnis zurück auf die Potenzialität der rationalen Philosophie und auf die dringende Frage nach dem Was der Erkenntnis — aber andererseits wiederum findet der Triumph der negativen Philosophie statt innerhalb der positiven, es ist nicht der ihre, sie begnügt sich mit der Freude des Vorläufers oder des Führers, ohne das gelobte Land zu betreten. Trotzdem: Eine Konversion zum Irrationalen, ein Bankrott der Vernunft finden nicht statt. Um so dringender aber wird die Frage der Aufteilung, die Schelling mit der faktischen Gegenwart seiner beiden Philosophien einfach vorgegeben ist — er möchte sie verbinden, ohne sie zu vermischen, sie unterscheiden, um sie letztlich doch zu vereinigen.

Aber warum unterscheidet Schelling überhaupt zwei Philosophien, wenn seine wahre Absicht doch nur auf die Unterscheidung einer doppelten Intentionalität des Denkens geht, also zweier Philosophien in einer? (S. 69) Schon *Joh. Ed. Erdmann* sah diese Tendenz Schellings zur Zweiteilung der Philosophie aufkommen im Zusammenhang mit dem erbarmungslosen Krieg gegen den toten Rivalen Hegel. *Fuhrmans* zieht daraus die Konsequenzen, die negative Philosophie ganz fallenzulassen, um Schellings wahre Absicht voll zur Geltung zu bringen: ein System der Freiheit zu errichten, dem Geschichtlichen und der Kontingenz und damit letztlich der absoluten göttlichen Freiheit des Anfangens ihr Recht zu schaffen. Das ist, so stellt *Tilliette* fest, seit vierzig Jahren die Position der Forschung, nämlich seit die Spätphilosophie im Mittelpunkt des Interesses steht. Anders *Schulz*: er sieht die Alternative Schellings gegenüber Hegel nicht in der trivialen Entgegensetzung der Wirklichkeit gegen die Logik, sie gilt nach seiner Ansicht vielmehr dem

Hauptproblem des Idealismus, der Selbstvermittlung der Vernunft. Schelling ist kein Überläufer aus dem Lager des Idealismus, er überschreitet den Idealismus, indem er ihn vollendet, und die positive Philosophie richtet die gefallene Vernunft, die spekulativ dem Anderen ihrer selbst — dem Absoluten, der Transzendenz, Gott — begegnet war, wieder auf, indem sie ihr eröffnet, dieses Absolute sei ihr eigenes Absolutes.

Nicht ohne Spott reagiert *Tilliette* auf diese Theorie und die geistesgeschichtlichen Folgerungen, die Schulz daraus gezogen hat, nämlich Kierkegaard, Nietzsche, Marx und Heidegger als Vertreter jener der Selbstvermittlung der Vernunft zugewandten Bewegung in die Nachfolge Schellings einzureihen (S. 72 ff.). Sein Einwand: Hier ist Schelling auf ein einziges Problem reduziert, der Reichtum seiner Intuitionen, seine geistige Wendigkeit sind so nicht vorstellbar. Und die Fülle der Probleme, vor welche die Spätphilosophie uns stellt — der zweite Band von *Tilliettes* Werk ist dafür selbst ein eindruckvolles Zeugnis — fällt dabei unter den Tisch: Wie *Fuhrmans* die sehr verschiedenartigen Kapitel der negativen Philosophie reduziert, so *Schulz* die Gedankenmasse der religionsphilosophischen Schriften. Das Geheimnis der letzten Philosophie, ihre Komposition im rein gegenständlichen Bereich, können weder Spekulation noch bloße Gelehrsamkeit begreiflich machen. Mit Recht fragt *Schulz* nach dem Sinn der Dichotomie von negativer und positiver Philosophie — aber diese Dualität ist eben mehr als nur ein Index der Ohnmacht der Vernunft, und Schelling beharrt andererseits, auch während er die rationale Philosophie weiter ausbaut, auf der Unabhängigkeit und dem höheren Recht der positiven Philosophie. Auch *Fuhrmans'* Weg jedoch ist ungangbar, er vereinfacht seinerseits ganz willkürlich die Entwicklung Schellings und sieht in der rationalen Philosophie nur einen Eindringling in das Ganze des letzten Systems, er übersieht außerdem die besondere Problematik, die negative und positive Philosophie jeweils für sich zu bewältigen haben.

Das hier Wiedergegebene ist nur ein kleiner Ausschnitt aus *Tilliettes* über hunderte von Seiten an immer neuen Problemstellungen einsetzender Reflexion über die Spätphilosophie. Soviel aber wird klargeworden sein: Die Positionen sowohl von *Fuhrmans* wie von *Schulz* sind zunächst in ihre Grenzen verwiesen, ohne daß damit die Gesamtproblematik erschöpft wäre. Ich nenne wenigstens *ein* Moment, das *Tilliette* hier an der richtigen Stelle hervorhebt: Schellings Religiosität (S. 103). Anmerkungsweise (s. auch n. 19, S. 103 ff.) setzt er sich hier mit der Behauptung von der angeblichen Konversionsbereitschaft Schellings auseinander: Schelling, jedenfalls der reife und der alte Schelling, war aufrichtig fromm, und er ist, bei aller Bewunderung für die katholische Kirche und deren Tradition, seinem lutherischen Glauben treu geblieben; aber seine Religiosität ist Hintergrund, nicht Schlüssel zum Verständnis der Spätphilosophie. So spürt man bei *Tilliette* nirgends die bei anderen gelegentlich etwas peinlich wirkende Tendenz, Schelling für diese oder jene Theologie zu „vereinnahmen"; vielmehr: Schellings religiöse Existenz gilt *Tilliette* als untrennbar von seiner spekulativen Suche nach der Wahrheit, sie geht zusammen mit seiner denkerischen Freiheit und mündet schließlich in das von Anfang an in ihm lebendige, aber unerfüllt gebliebene Postulat einer „philosophischen Religion".

KONKORDANZ
DER 1. (STUTTGARTER)
UND DER 2. (MÜNCHENER) GESAMTAUSGABE

1. Ges.-Ausgabe				*2. Ges.-Ausgabe*
Bd. I				
V—VIII	Vorwort	I		XIX—XXII
1— 40	Antiquissimi ... (Magisterdiss.). 1792	I	E	1— 40
41— 84	Über Mythen, historische Sagen und Philosopheme der ältesten Welt. 1793	I		1— 44
85—112	Über die Möglichkeit einer Form der Philosophie überhaupt. 1794	I		45— 72
113—148	De Marcione (Theol. Diss.). 1795	I	E	41— 76
149—244	Vom Ich als Prinzip der Philosophie. 1795	I		73—168
245—280	Neue Deduktion des Naturrechts. 1796	I		169—204
281—342	Philosophische Briefe über Dogmatismus und Kritizismus. 1795	I		205—266
343—452	Abhandlungen zur Erläuterung des Idealismus der Wissenschaftslehre. 1796	I		267—376
453—473	Aus d. Allg. Übersicht .../Rezensionen. 1797	I		377—397
474—482	Über Offenbarung und Volksunterricht. 1798	I		398—406
483—487	Rezension von J. G. Schlossers Schreiben. 1798	I		407—412
Bd. II				
V—VI	Vorwort	I	E	VII—VIII
1— 73	Ideen zu einer Philosophie der Natur, Vorr. u. Einl. 1798/1803	I		653—723

1. Ges.-Ausgabe				2. Ges.-Ausgabe
74—343	Ideen zu einer Philosophie der Natur. 1798/1803	I	E	81—350
345—583	Von der Weltseele, eine Hypothese der höheren Physik. 1798 Nebst einer Abh. über das Verhältnis des Realen und Idealen in der Natur. 1806	I		413—651
Bd. III				
V—VIII	Vorwort	II		VII—X
1—268	Erster Entwurf eines Systems der Naturphilosophie. 1799	II		1—268
269—326	Einleitung zu dem Entwurf eines Systems der Naturphilosophie oder über den Begriff d. spekulativen Physik. 1799			269—326
327—634	System des transzendentalen Idealismus. 1800			327—634
635—668	Über die Jenaische Allg. Lit. Zeitung. 1800	I	E	351—384
Bd. IV				
V—VI	Vorwort	III		VII—VIII
1— 78	Allgemeine Deduktion des dynamischen Prozesses. 1800	II		635—712
79—104	Über den wahren Begriff der Naturphilosophie. 1801	II		713—737
105—212	Darstellung meines Systems der Philosophie. 1801	III		1—108
213—332	Bruno. Ein Gespräch. 1802	III		109—228
333—510	Fernere Darstellungen aus dem System d. Philosophie. 1803	I	E	385—562
511—565	Die vier edlen Metalle/Miszellen aus der Zeitschrift für spekulative Physik. 1803	I	E	563—617
Bd. V				
V—XVIII	Vorwort	III		IX—XXII
3— 17	Über das Wesen der philosophischen Kritik überhaupt. 1802.	III		511—525

1. Ges.-Ausgabe		*2. Ges.-Ausgabe*	
18—105	Über das absolute Identitätssystem. 1803	III E	3— 62
106—124	Über das Verhältnis der Naturphilosophie . . . 1802	III	526—544
125—151	Über die Konstruktion in der Philosophie. 1803	III	545—571
152—163	Über Dante in philosophischer Beziehung. 1803	III	572—583
164—206	Notizenblatt. 1803	III E	91—133
207—352	Vorlesungen über die Methode des akademischen Studiums. 1802	III	229—374
353—356	Philosophie der Kunst, Inhaltsübersicht	III E	135—138
357—487	Philosophie der Kunst, Allgemeiner Teil. 1802	III	377—507
488—736	Philosophie der Kunst, Besonderer Teil. 1803	III E	139—387
Bd. VI			
V—VIII	Vorwort	II E	VII—X
1— 10	Immanuel Kant. 1804	III	585—594
11— 70	Philosophie und Religion. 1804	IV	1— 60
71—130	Propädeutik der Philosophie. 1804	II E	1— 60
131—576	System der gesamten Philosophie. 1804	II E	61—506
Bd. VII			
V—VI	Vorwort	IV	VII—VIII
1—126	Darlegung des wahren Verhältnisses der Naturphilosophie zu der verbesserten Fichteschen Lehre. 1806	III	595—720
127—288	Aus den Jahrbüchern der Medizin als Wissenschaft. 1806	IV	61—222
289—329	Über das Verhältnis der bildenden Künste zu der Natur. 1807	III E	389—429
331—416	Philosophische Untersuchungen über das Wesen der menschlichen Freiheit. 1809	IV	223—308

PÄDAGOGISCHE HOCHSCHULE WESTFALEN-LIPPE
Fachbereich I
Philosophie
ABTEILUNG MÜNSTER

1. Ges.-Ausgabe			*2. Ges.-Ausgabe*
417—484	Stuttgarter Privatvorlesungen. 1810	IV	309—376
485—568	Aufsätze und Rezensionen aus der Jenaer und Erlanger Literaturzeitung und dem Morgenblatt. 1807—1809	III E	431—514
Bd. VIII			
V—VI	Vorwort	IV	IX—X
1— 18	Über das Wesen deutscher Wissenschaft. 1811	IV	377—394
19—136	Denkmal der Schrift von den göttlichen Dingen etc. des Herrn Friedrich Heinrich Jacobi ... 1812	IV	395—512
137—193	Aus der Allgemeinen Zeitschrift von Deutschen für Deutsche (Briefwechsel mit Eschenmayer. Ludwig August Hülsen). 1813	IV	513—569
195—344	Die Weltalter. Bruchstück. 1813	IV	571—720
345—370	Die Gottheiten von Samothrake. 1815	IV	721—746
370—422	Anmerkungen zu den Gottheiten von Samothrake. 1815	IV E	1— 55
Bd. IX			
IV—V	Vorwort	IV E	VII—VIII
1—110	Clara oder über den Zusammenhang der Natur mit der Geisterwelt. Ein Gespräch. 1810	IV E	103—212
111—206	Kunstgeschichtliche Anmerkungen zu Johann Martin Wagners Bericht über die Äginetischen Bildwerke. 1817	III E	515—610
207—252	Erlanger Vorträge (Über die Natur der Philosophie als Wissenschaft. Über den Wert und die Bedeutung der Bibelgesellschaften). 1821	V	1— 46
253—300	Spicilegium observationum in noviss. Arnobii editionem. 1818	IV E	213—260

1. Ges.-Ausgabe			*2. Ges.-Ausgabe*
301—352	Abhandlungen philologischen und mythologischen Inhalts. 1820	IV E	261—312
353—366	Erste Vorlesung in München. 26. November 1827	V	47— 60
367—376	Rede an die Studierenden der Ludwig-Maximilians-Universität. 1827	V	61— 70
377—507	Reden in den öffentlichen Sitzungen der Akademie der Wissenschaften. 1827—1841	IV E	315—443
Bd. X			
V—VIII	Vorwort	V,	VII—X
1—200	Zur Geschichte der neueren Philosophie. 1827	V	71—270
201—224	Vorrede zu einer philosophischen Schrift V. Cousins. 1834	IV E	445—468
225—286	Darstellung des philosophischen Empirismus. 1830	V	271—332
287—294	Anthropologisches Schema. 1840	V	33—340
295—300	Worte zum Andenken v. Molls und Sylvestre de Sacys. 1838	IV E	469—474
301—390	Darstellung des Naturprozesses. 1844	V	341—430
391—418	Vorwort zu Henrik Steffens nachgelassenen Schriften. 1845	IV E	475—502
419—426	Vorbemerkungen zu der Frage über den Ursprung der Sprache. 1850	IV E	503—510
427—453	Epigrammata, Gedichte, Übersetzungen. 1802—1840	IV E	511—537
Bd. XI (= II, 1)			
V—VII	Vorwort	V	XI—XIII
IX—XII	Inhaltsübersicht	V	433—436
1—252	Einleitung in die Philosophie der Mythologie Erstes Buch: Hist.-krit. Einleitung 1842	VI	1—254
253—572	Zweites Buch: Philosophische Einleitung in die Philosophie der	V	431—754

1. Ges.-Ausgabe			2. Ges.-Ausgabe
	Mythologie oder Darstellung der reinrationalen Philosophie. 1847 bis 1852		
573—590	Abhandlung über die Quelle der ewigen Wahrheiten	V	755—772
Bd. XII (= II, 2)			
V—VII	Vorwort	VI	VII—X
	Philosophie der Mythologie. 1842		
1—132	1. Buch: Der Monotheismus	VI	255—387
133—674	2. Buch: Die Mythologie	V E	1—551
675—688	Über die Bedeutung eines der neuentdeckten Wandgemälde von Pompeji. 1833	V E	541—551
Bd. XIII (= II, 3)			
V—XII	Vorwort	VI E	V—XII
	Philosophie der Offenbarung, 1. Teil. 1841 ff.		
XIII—XX	Inhaltsübersicht	VI E	XIII—XX
1—174	1. Buch: Einleitung in die Philosophie der Offenbarung oder Begründung der positiven Philosophie	VI E	1—174
175—530	2. Buch: Der Philosophie der Offenbarung erster Teil	VI E	175—530
Bd. XIV (= II, 4)			
V—VII	Philosophie der Offenbarung.	VI	389—748
1—334	2. Teil. 1841 ff.		
	3. Buch: Der Philosophie der Offenbarung zweiter Teil		
335—356	Andere Deduktion der Prinzipien der positiven Philosophie. 1841	VI	727—748
357—367	Erste Vorlesung in Berlin. 15. Nov. 1841	VI	749—759

LITERATURVERZEICHNIS

Assunto, Rosario 29

(1): Estetica dell'Identità. Lettura della Filosofia dell'Arte di Schelling. Urbino 1962.

Ballauff, Theodor 20

(1): Die Wissenschaft vom Leben. Eine Geschichte der Biologie. Bd. 1: Vom Altertum bis zur Romantik (Orbis Academicus II, 1), 1954.

Baumgartner, Hans Michael (Hrsg.) 13

Becker, Werner 36. 37. 38

(1): Schellings Konstruktion des Christentums. In: Subjektivität und Metaphysik. Festschrift f. W. Cramer, 1966, S. 1—20.

Benz, Ernst 13

Böhm, Wilhelm 48

Boleman jr. Frederick de Wolfe 21

Schelling, The Ages of the World, transl. with introd. and notes. New York 1942.

Braun, Otto 2. 3. 5

Bubner, Rüdiger (Hrsg.) 48

Das älteste Systemprogramm. Studien zur Frühgeschichte des Deutschen Idealismus. (Hegel-Studien Beih. 9), 1973

Buske, Thomas 18

(1): Zu: E. Oeser, Die antike Dialektik in der Spätphilosophie Schellings. In: Archiv f. Geschichte der Philosophie 5, 1969, S. 106—109.

Cesa, Claudio 2. 27 Anm. 33. 34. 35. 36

(1): La filosofia politica di Schelling, Bari 1969.

Coreth, Emmerich 4

Corti, Walter Robert 41. 42

(1): Der Mensch als Organ Gottes. In: Eranos-Jahrbuch 28, 1960, S. 377—405.

(2): Die Mythopoese des „werdenden Gottes". In: Schelling-Studien, 1965, S. 83—112.

Czuma, Hans 83. 84. 87. 88
(1): Der philosophische Standpunkt in Schellings Philosophie der Mythologie und Offenbarung, 1969.
Dekker, Gerbrand 54. 70
Düsing, Klaus 49. 54. 55
(1): „Spekulation“ und „Reflexion“. Zur Zusammenarbeit Schellings und Hegels in Jena. In: Hegel-Studien 5, 1969, S. 38—55.
(2): Die Rezeption der Kantischen Postulatenlehre in den frühen philosophischen Entwürfen Schellings und Hegels. In: Bubner, Rüdiger (Hrsg.): Das älteste Systemprogramm (Hegel-Studien Beih. 9), 1973, S. 53—90.
Enderlein, Friedrich Leonhard 7
Erdmann, Johann Eduard 76. 99
Fischer, Kuno 14. 16
Förster, Wolfgang 4
Frigo, Gianfranco 59
(1): Matematismo e Spinozismo nel primo Schelling. (Quaderni di Storia della filosofia 3), Padova 1969.
Fuhrmans, Horst 5. 7. 8. 16. 17. 38. 39. 40. 63. 69. 70. 71. 72. 73. 74. 75. 79. 80. 81. 82. 83. 89. 91. 94. 98. 99. 100. 101
(1): Schellings letzte Philosophie, 1940.
(2): Schellings Nachlaß. Ein Bericht. In: Archiv f. Philosophie 3, 1949, S. 92—98.
(3): Schellings Philosophie der Weltalter, 1954.
(3a): Der Ausgangspunkt der Schellingschen Spätphilosophie. (Dokumente zur Schellingforschung III.) In: Kantstudien 48, 1956/57, S. 302—323.
(4): (Hrsg.): Schelling. Briefe und Dokumente. Bd. 1, 1962, Bd. 2, 1973.
(5): (Hrsg.): F. W. J. Schelling: Über das Wesen der menschlichen Freiheit (Universal-Bibl. Nr. 8913/15), 1964.
(6): Schelling und Cotta, Briefwechsel 1803—1849. Hrsg. von H. Fuhrmans und L. Lohrer, 1965.
(7): Der Gottesbegriff der Schellingschen positiven Philosophie. In: Schelling-Studien, 1965, S. 9—47.
(8): Das Gott-Welt-Verhältnis in Schellings positiver Philosophie. In: Kritik und Metaphysik. Studien, Heinz Heimsoeth zum 80. Geburtstag, 1966, S. 196—211.

Staiger, Emil 13. 17

Szilasi, Wilhelm 20

(1): Schellings Beitrag zur Philosophie des Lebens. In: Szilasi, Philosophie und Naturwissenschaft, 1961.

Theunissen, Michael 62. 63. 64

(1): Schellings anthropologischer Ansatz. In: Archiv für Geschichte der Philosophie 47, 1965, S. 174—189.

Tilliette, Xavier 2. 3. 4. 6. 7. 9. 14. 15. 16. 17. 49. 59. 70. 75. 85 Anm., 96. 97. 98. 99. 100. 101

(1): Schelling. Une philosophie en devenir, t. 1. 2, Paris 1970.

(2): Une nouvelle interpretation de Schelling. In: Archives de philosophie 21, 1958, S. 432—456, 564—599.

(2a): Actualité de Schelling. In: Revue de métaphysique et de morale 64, 1959, S. 356—369.

(3): Bulletin de l'idealisme allemand. II: Schelling — Jacobi — Schleiermacher. In: Archives de philosophie 34, 1971, S. 287 bis 331.

(4): Schelling als Verfasser des Systemprogramms? In: Bubner, Rüdiger (Hrsg.): Das älteste Systemprogramm (Hegel-Studien Beih. 9), 1973, S. 35—52.

Uslar, Detlev v. 60. 61

(1): Die innere Bewegung der absoluten Identität bei Schelling. In: Studium generale 21, 1968, S. 503—514.

Verra, Valerio 4

Wagner, Hans 94

Weischedel, Wilhelm 42. 43. 44. 65. 66

(1): Jacobi und Schelling. Eine philosophisch-theologische Kontroverse, 1969.

(2): Der Gott der Philosophen. Grundlegung einer philosophischen Theologie im Zeitalter des Nihilismus, Bd. 1. 2, 1972.

Wieland, Wolfgang 20. 49. 50. 51. 57. 67. 68

(1): Schellings Lehre von der Zeit. Grundlagen und Voraussetzungen der Weltalterphilosophie, 1956.

(2): Die Anfänge der Philosophie Schellings und die Frage nach der Natur. In: Natur und Geschichte, Karl Löwith zum 70. Geburtstag, 1967, S. 406—440.

Wild, Christoph 55. 56. 57

(1): Reflexion und Erfahrung. Eine Interpretation der Früh- und Spätphilosophie Schellings, 1968.

Zeltner, Hermann 17. 20. 23. 68. 88 Anm.
(1): Neue Schellingiana. In: Zeitschrift für Religions- und Geistesgeschichte 6, 1954, S. 215—226.
(2): Gleichgewicht als Seinsprinzip. Schellings Philosophie des Gleichgewichts. In: Studium generale 14, 1961, S. 495—508.
(3): Das große Welttheater. Zu Schellings Geschichtsphilosophie. In: Schelling-Studien 1965, S. 113—130.